オグリの里

笠松競馬場から愛を込めて

林　秀行
ayashi Hideyuki

1

聖地編

笠松競馬場の正門前。約500人のウマ娘ファンが開門を待ち並ぶ　2022年 4 月

笠松オグリキャップ像とウマ娘パネルをスマホで撮影するファン
2022 年 4 月

オグリキャップに安藤勝己騎手が騎乗。笠松競馬場で行われた
引退セレモニー　1991 年 1 月

笠松競馬場を埋めたオグリキャップのファン　1991 年 1 月

笠松競馬場存続のピンチに里帰りしたオグリキャップと再会した安藤勝己騎手
2005 年 4 月

オグリの里1　目次

本書は岐阜新聞Ｗｅｂで２０１６年から連載している「オグリの里」を一部加筆し、編集したものです。レース結果や競走馬の動向を追加（☆や※）。文末にＷｅｂ掲載日を記しました。名称、年齢などは連載時のままです。

はじめに

ここはオグリキャップがデビューした笠松競馬場。聖地巡礼のウマ娘ファンも、オールドファンの皆さんも「オグリの里」へのゲートイン、ありがとうございます。

地方・笠松競馬場からＪＲＡのステージに駆け上がったオグリキャップ。ラストラン有馬記念Ｖでの伝説の「オグリコール」は永遠の響きとなって、日本の競馬史上でも最高の名場面として語り継がれ、ファンの胸を熱くしてきた。

国民的アイドルホースとなり、その波乱に満ちたストーリー性から「50年、１００年に１頭」ともいわれる競馬界最大のヒーロー。オグリキャップがいなかったら、経営難や不祥事に苦しんできた笠松競馬場はとっくに廃止になっていただろう。正門横でファンを出迎えてくれるオグリキャップのブロンズ像は、存続を支える「笠松競馬の守り神」であり、勇気と元気を生むパワースポットでもある。

「名馬、名手の里・笠松競馬」は、地方競馬界をリードした時代もあったが、赤字化寸前で存廃に揺れたり、騎手・調教師による馬券の不正購入があったりで長期の開催自粛にもなった。

馬券の不正購入では多くのファンを裏切り、「黒いカネ」に群がった笠松競馬の騎手、調教師たち。歴代のリーディングも次々と「退場」になったが、8カ月の自粛を経てレースは再開。全てのホースマンが「公正競馬の確保」を第一にクリーン化を徹底。失った信頼の回復には時間がかかるが、前を向いてファンファーストで再生に努めている。

そんな笠松競馬にスポットを当てて、2016年3月から岐阜新聞Webで連載している「オグリの里」を書籍で再録しシリーズ化。人馬の活躍をたたえるとともに、不祥事も黒塗りにすることなく、歴史の一ページとして明らかに。オグリキャップの魅力とともに、笠松競馬の「光と影」をファンの皆さんと語り継いでいきたい。

本書では、一連の不祥事に関わった騎手や調教師も登場するが、特に騎手は半減しており、彼らを抜きにかつての笠松競馬を語ることはできない。不祥事発覚前のレース成績など足跡はそのまま振り返った。

今回は〝聖地編〟として「ウマ娘シンデレラグレイ賞」で盛り上がった笠松競馬の現在地を振り返り、ゲートオープン。オグリキャップ初代オーナー・小栗孝一さんが、オグリ一族に懸けた夢へとタイムスリップする。

（筆者・ハヤヒデ　80年代から笠松競馬を愛し、オグリキャップの走りに感動した競馬ファンの一人）

2022

「オグリキャップ&ウマ娘」効果で笠松競馬フィーバー

ここはアイドルのライブ会場か。「名馬、名手の里 ドリームスタジアム」の愛称がある笠松競馬場のスタンドやラチ沿いが10~20代の若者らで埋まった。

このところ、不祥事に揺れていた笠松競馬だが、時代を超えて輝き続ける「永遠のヒーロー」オグリキャップと、ゲームや漫画で人気の「ウマ娘」とのコラボ企画がようやく実現。競馬場内は雨の中、全国から集まった聖地巡礼のファンらの熱視線と温かい拍手に包まれた。

4月28日に笠松の看板レース「オグリキャップ記念」、29日には芦毛《あしげ》馬限定の「ウマ娘シンデレラグレイ賞」が行われた。2日間にわたっての笠松競馬フィーバー。馬券をまだ買えない世代も多く来場し、競走馬と騎手の頑張りそのものにワクワク、ドキドキ。オグリキャップの聖地でのウマ娘とのコラボで、新たな「社会現象」ともいえる盛り上がりを見せた。

ウマ娘シンデレラグレイ賞と関連イベントは、笠松競馬場を舞台に、オグリキャップのサクセスストーリーを再現した大ヒット漫画『ウマ娘 シンデレラグレイ』にちなんだコラボ企画として実施。コロナ対策での「上限5000人」近くが来場した。

一番乗りは午前1時に来た東京の男性

ゴールデンウイーク初日で、開門前から長い行列ができた。午前7時には、既に第2駐車場まで500人ほどが並んでおり、熱気ムンムン。

一番乗りは東京から来場した19歳の男性で、前日のオグリキャップ記念も観戦したという。「きょうは午前1時に来ました。笠松競馬場は初めてですが、すごい人ですねえ。ウマ娘のキャラクターではゴールドシップやオグリキャップが大好き。きのうも場内はにぎわっていて、どて煮を3店で食べ比べしましたが、味が違っていて楽しかった」と笠松グルメも堪能したそうだ。

笠松競馬場の無料駐車場まで続いたウマ娘ファンらの長い行列

午前2時には岐阜市の18歳専門学生。「まだ馬券は買えないですが、おじいちゃんの影響で競馬が好きになり、小学生の頃から競馬場に来たことがありました。ウマ娘でまた興味を持つようになって、サイレンススズカが好き」とのことで、笠松にはサイレントシズカという4歳馬がいることを伝えた。このほか、茨城から来た27歳会社員は午前0時頃に着いて、実質一番乗りだったが、（攻め馬も行われていた）競馬場の周囲をぐるっと回って眺めていたそうだ。午前7時すぎ、第2駐車場まで到達した行列の最後尾は遠くなるばかり。すぐに満杯になった無料の各駐車場には大阪、富山、横浜ナンバーの車もあった。

競馬場関係者も「多くの人に来ていただきました」とびっくり。開門は2時間以上早めて8時20分に。コラボ企画の「オリジナルクリアうちわ」を先着1500人にプレゼント。攻め馬を9時までやっているので、スタンド前が騒がしくならないように、うちわの配布は9時すぎからにしたそうだ。

オグリキャップ像前に「ウマ娘　等身大パネル」、笠松グルメにも長い行列

オグリキャップは笠松競馬場で育ち、地方・中央の高い壁に風穴をあけて駆け抜けた。競馬場廃止のピンチには里帰りし、復興の救世主にもなった。オグリキャップの銅像は笠松競馬永続の守り神であり、勇気と元気の源になるパワースポットでもある。正門を入ってすぐ出迎えてくれ、オグリキャップと宿敵タマモクロスの「ウマ娘　プリティーダービー等身大パネル」も設置され、スマホなどで記念撮影を楽しむファンが次から次へと。名鉄笠松駅からもすぐで、競馬場は初めてという多くの若者が笠松デビューを楽しんでいた。

場内飲食店の「丸金食堂」「寿屋」「美津和屋」「親睦の店」も大繁盛。焼きそばや串物などが人気の笠松グルメに50人待ちなどの長い行列ができて、売り切れ続出。最終11Rのウマ娘シンデレラグレイ賞の発走が近づくと、三重県津市から来た20歳の学生ら

オグリキャップ像前には「ウマ娘　等身大パネル」も設置され、人気スポットになった

は「馬券を買いました。ゲームのウマ娘からオグリキャップが好きになって来ました。競馬を見るのは初めてですが、楽しめています。シンデレラグレイの漫画でタマモクロスが食べていたきしめん（丸金食堂）はおいしかったです」と。応援する馬の名前や、場名「笠松競馬場」、レース名「ウマ娘シンデレラグレイ賞」が入った記念馬券も購入して楽しんだ。

岐阜市の10代女性は「朝6時頃から並んで、レースをずっと見てました。場内では漫画でオグリが勝った時にダンス（カサマツ音頭）を踊っていた特設ステージなども見ました。マヤノトップガンが好き。食べ物は焼きそばやたこ焼きがおいしかった」とにこやかだった。

場内の飲食店も大にぎわい。来場者は笠松名物のご当地グルメを堪能していた

「キャラがかわいくて」とシンデレラグレイの単行本を読むなどして、聖地巡礼で来場した20歳前後の若者ら。芦毛馬10頭が勢ぞろいしてパドックを周回し、返し馬に向かうと「カッコイイですね」、「速いですね」との声。いつもはオールドファンが陣取るパドック前も、競馬をライブ観戦するのは初めてという若者が多かった。馬券は買えない世代もレースを十分に楽しんでおり、アスリートである競走馬の迫力と美しさを体感していた。

深沢杏花騎手騎乗のヤマニンカホンが逃げ切りV、大きな拍手

ウマ娘シンデレラグレイ賞に出走した芦毛馬はB・C級だったが、重賞レース以上の盛り上がりを見せた。雨の中でも、熱気は最高潮。各スタンド

や外ラチ沿いでは大勢のファンが熱い視線を送り、ファンファーレとともに拍手が響いた。

注目の1番人気、深沢杏花騎手騎乗のヤマニンカホン（牝4歳、森山英雄厩舎）は出遅れたが、1周目のゴール前で先頭に立つと、スイスイと快調な逃げ。終始後続に3馬身ほどの差をつけて鮮やかに逃げ切りV。各馬が4コーナーを回って直線を向くと、「行け、行けー」「差せー」と熱い声援。ゴール後にも各馬の健闘をたたえて、笠松のレースでは聞いたことがない大きな温かい拍手に包まれ、長く20秒以上も鳴り響いた。深沢騎手と芦毛馬とのゴールシーンは、すごく絵になり「ウマ娘シンデレラグレイ賞」の初代女王に輝いた。

装鞍所《そうあんじょ》に戻ってきた深沢騎手は、口取り写真の撮影でスマイル全開。みんなから祝福を受け、ヤマニンカホンの主戦だった大原浩司騎手と一緒に喜びに浸った。「ジャンプ発走しちゃったんですけど、馬が頑張ってくれました。4コーナーを向いてから、ビジョンを見たら藤原さんの馬が来てたので、最後まで気が抜けなかったです。ファンの拍手はゴールしてから聞こえました。雨が降って先行有利だったし、これぐらいは強いと自信はあった。馬に感謝です」。管理する森山調教師にも「先生、ありがとうございます」と感謝。「オグリキャップ記念より人が多く、ファンからしたら、すごく盛り上がるレー

芦毛馬ヤマニンカホンでウマ娘シンデレラグレイ賞を制覇した深沢杏花騎手（左）

ウマ娘シンデレラグレイ賞は、深沢杏花騎手が騎乗したヤマニンカホンが1着でゴール。大勢のファンの温かい拍手が鳴り響いた

スなんだなあと思いました」と晴れやかだった。

2着には塚本征吾騎手騎乗のメイショウイナセ（セン馬5歳、後藤佑耶厩舎）が追い込んだ。管理する後藤佑耶調教師は「（オグリキャップ孫娘の）レディアイコもいたら良かったのですが、（北海道の）佐藤牧場に帰りました」と引退が残念そうだった。6Rの「オリジナルうちわ配布記念」の3歳戦では、桜花賞馬オグリローマンの孫娘マーゴットロマンス（雌3歳、藤田正治厩舎）も出走し5着。

シンデレラグレイ賞終了後には雨がやんで晴れ上がり、東の空には鮮やかな虹も浮かび上がった。コラボ企画も大成功で、笠松競馬の明るい未来への「懸け橋」となってくれることだろう。

※サイレントシズカ、ヤマニンカホン、マーゴットロマンスは地方競馬登録抹消になった。

岡部誠騎手、オグリキャップ記念5度目のV

「オグリキャップの聖地で勝つことができ、光栄です」。第31回オグリキャップ記念（SPI、地方全国交流）は、岡部誠騎手が騎乗した船橋のトーセンブル（牡7歳、山中尊徳厩舎）が1番人気に応え、差し切りVを決めた。このレース、岡部騎手は通算5勝目で「ミスターオグリキャップ記念」とも呼べる活躍ぶり。笠松勢では、大原浩司騎手騎乗のウインハピネス（牡7歳、森山英雄厩舎）が3着に食い込み、地元の意地を見せた。

オグリキャップはデビューから笠松競馬場で10戦、ゴールに向かって計1万1600メートルも疾走した。その同じダートコースで、スーパーホースの活躍をたたえる記念レースが2年ぶりに繰り広げられた。オグリコールが響いた中山競馬場での有馬記念と同じ2500メートルで、コースを2周する長距離戦。笠松・ラブアンバジョが出走を取り消して11頭が参戦した。

船橋のトーセンブルが制覇、笠松のウインハピネス3着

1周目、浦和のタカジョー（牡4歳）が先手を奪い、2番手に兵庫のスマイルサルファー（セン馬4歳）がつけて、ゆったりとした流れ。レースはラストのスタミナ勝負で、2周目の向正面から動いた。3〜4コーナーでは、岡部騎手のゴーサインに応えたトーセンブルが中団から一気に先頭を奪う勢い。丸野勝虎騎手騎乗の名古屋・ウインユニファイド（牡10歳、沖田明子厩舎）とのマッチレースの様相となったが、最後は3馬身突き放して完勝。重賞は、21年の園田・六甲盃でジンギを圧倒して以来で2勝目となった。

笠松のウインハピネスは3コーナーから、大原騎手のアクションに応えて追い上げたが、前の2頭とには離されての3着。笠松では18戦連続の3着以内で、大一番でも馬券圏内は確保してくれた。向山牧騎手が騎乗したトロピカルストーム（セン馬9歳、森山英雄厩舎）は最低の11番人気だったが、最後方から4着に突っ込んで、牧さんらしい好騎乗を見せてくれた。

21年は名古屋・笠松両方のリーディングに輝いた岡部騎手。22年は既に123勝（4月末現在）を挙げており、全国リーディングを快走（最終的には299勝で全国3位）。オグリキャップ記念との相性が良く、05年には笠松のミツアキサイレンスで初制覇。その後も10、11年に名古屋のヒシウォーシィ

で連覇。18年にはエンパイアペガサス（当時は浦和）で大勝。V5となった今回は、過去のレース（2500メートル戦）で最も遅い2分50秒9のタイム。時計がかかる笠松の馬場傾向を物語る結果となった。

3年ぶりにファンの前で表彰セレモニー、アンカツさんも登場

20年はコロナ禍で無観客、21年は一連の不祥事の逆風を受けて開催中止（第30回）となったが、22年は3年ぶりにライブ観戦のファンの前で開催され、表彰セレモニーでも盛り上がった。

　岡部騎手は「距離ロスが大きくなる外々を回るのは避けました。折り合いがついたし、いいポジションを取れた。1番人気だったんですね。すごく賢い馬で、気負うところもなく、きついコーナーもスムーズに走ってくれました。山中調教師から『出たなり』という指示だったので、馬の気分に任せて行きました。（丸野騎手のウインユニファイドと）併せ馬のようになって、いい感じで走ってくれました。年齢的な衰えは感じませんでしたし、今後も活躍してほしい」と勝利を振り返った。

　ウイナーズサークル前に詰め掛けたファンに対し

船橋のトーセンブルに騎乗し、１着でゴールする岡部誠騎手。オグリキャップ記念は５度目の制覇となった

て「オグリキャップの聖地で、こういう重賞レースを勝たせてもらうことをとても光栄に思っています。コロナ対策を十分にして、本場にまた足を運んでいただきたいです」と語り、喜びをかみしめた。「笠松のレジェンド」アンカツさん（安藤勝己元騎手）は、エンパイアペガサスでのVに続いて2度目となる花束贈呈で岡部騎手の勝利を祝福した。

オグリキャップ記念優勝馬トーセンブルと岡部騎手ら喜びの関係者

　この日の一番乗りは午前5時半で、10時半の開門時には300人ほどが並んだ。ネットの画面越しからも全国のファンから声援が送られ、オグリキャップ記念の1レースでは1億9300万円の馬券売り上げがあった。1日の売り上げは6億6000万円で、20年の8億円超えには届かなかった。9Rまで6～8頭立ての少頭数が続いたことや、同じ時間帯に浦和、園田の開催もあり、目標（8億円超）は達成できなかった。

3着・大原騎手「力を発揮し、いい競馬はできた」

　8番手から追撃を開始して3着に入ったウインハピネスに騎乗。馬券にも絡んで地元の意地は見せた大原浩司騎手は「それなりにいい競馬ができたのでは。勝ち馬の後ろから付いていき、勝負どころでちょっと置いていかれたが、力は発揮できた」と。笠松勢では最先着で、まずまずのレースをしてくれた。

　芦毛のライジングドラゴン（牡7歳、伊藤強一厩舎）に騎乗し7着の渡辺竜也騎手は「メインですか、楽しかったです。特に何にも、見せ場があったわけでもないですし」。ペルソナデザイン（セン馬6歳、森山英雄厩舎）に騎乗し10着の深沢杏花騎手は「長かったです。そんな距離は乗ったことないんで」。

新たなファンを開拓、信頼回復・再生へ向けて大きな一歩

来場したアンカツさんは、WEB予想会ライブ配信やパドック解説にも登場して盛り上げた。オグリキャップ記念では「◎ウインハピネス　○トーセンブル　▲スマイルサルファー」の3点で、笠松馬を本命に。2頭が馬券に絡んでまずまずの予想となった。

5月の笠松開催は、オグリキャップ記念シリーズの最終日が2日にあり、その後は10～13日に鵜飼シリーズが行われる。今回、競馬組合や厩舎関係者の努力もあって、レースは大いに盛り上がった。ウマ娘とのコラボ企画では新たなファンを開拓できたし、大ヒットとなったシンデレラグレイ賞は今後もぜひ続けて、オグリキャップ記念とのセットで名物レースにしていきたい。笠松競馬はオグリキャップやアンカツさんが育った「地方競馬の聖地」でもある。そのプライドを胸に、信頼回復・再生へ向けて大きな一歩を踏み出したといえる。

（2022・4・30）

岡部騎手と花束を贈呈した安藤勝己元騎手

伝説のオグリコールから30年余
ウマ娘コラボでフィーバー再び

2022

笠松競馬の「今」からタイムスリップ

2016

ラストランでの有馬記念制覇をたたえる伝説のオグリコールから30年余り。２０１０年の永眠後も、全国の競馬ファンが選ぶＪＲＡ「未来に語り継ぎたい名馬」のベスト3にランクされるなど、輝きを増し続けるオグリキャップ。名馬、名手の里・笠松競馬からＪＲＡ入りして快進撃。地方と中央の垣根を超越した走りでファンの心をつかみ、地方・中央の人馬交流の懸け橋となった功績を広く顕彰するとともに、その魅力を皆さんと語り継ぎたい。

ウマ娘ブームに沸く笠松競馬の現在地からタイムスリップ。２０１６年３月にスタートした「オグリの里」を、第1回「華麗なるオグリ一族」からフカボリします。

2016

華麗なるオグリ一族

オグリローマン、ＮＡＲ特別表彰馬に

ゴールをひたすら目指す競走馬にとっては、地方も中央もない。ダートも芝も関係ない。速い馬は速い、強い馬は強いんだ。笠松育ちで昭和から平成へと駆け抜けた２頭の芦毛旋風は、強烈な蹄跡を刻んだ。

オグリキャップの妹・オグリローマンが２０１６年２月、「ＮＡＲ（地方競馬全国協会）グランプリ２０１５」の特別表彰馬に輝いた。中央移籍後、１９９４年の桜花賞を制覇するなどして、地方競馬全体を盛り上げたのが受賞理由。父ブレイヴェストローマン、母は笠松出身のホワイトナルビー。

オグリキャップの父はダンシングキャップで、産駒《さんく》は主にダートのマイラーだった。血統的には「突然変異」ともみられていたオグリキャップだったが、妹のローマンも中央のＧⅠを制覇。笠松に毎年のように活躍馬を送り続けてきた母・ホワイトナルビーのたくましい良血が開花したといえる。兄妹

オグリキャップの妹で、桜花賞を制覇するなど地方競馬界を盛り上げた笠松出身のオグリローマン

がGI馬に輝くという快挙で、「華麗なるオグリ一族」が証明された。主戦には名手と呼ばれた安藤勝己騎手。また、兄妹を育て上げ、中央に送り込んだ鷲見昌勇《まさお》調教師の手腕が素晴らしかった。

母ホワイトナルビーから中央GI馬2頭

ローマンはちょうど1年前の3月3日、心不全のためこの世を去った。24歳だった。通算成績は15戦7勝（うち笠松時代に7戦6勝）。繁殖馬引退後は、キャップも育った北海道新ひだか町の稲葉牧場で余生を送っていた。

あらためて振り返ってみる。80～90年代、地方・笠松出身の母ホワイトナルビーから、中央のGI馬2頭が誕生した。この結果だけでも「すごい」の一語。こんな地方育ちの繁殖牝馬《ひんば》はどこにもいない。21世紀になって地方・中央のダート交流競走は盛んになったが、重賞レースでは中央馬の上位独占が目立つ。芝レースでもキャップやローマンのような地方出身（または在籍）のGI馬は誕生していない。寂しい限りだ。

かつて、中央の重賞レースをバンバン勝つ馬を育てて、「不思議の国」と呼ばれた笠松競馬ワンダーランド。ラブミーチャンの柳江仁さん、マツノセイザンやフジノコンドルの後藤保さんら、卓越した手腕で地方競馬を活気づけたベテラン調教師が昨年亡くなったが、笠松には、生きのいい若手調教師が増えてきた。強い馬を育てて、また中央に殴り込みをかけてほしいものだ。

（2016・3・12）

地方競馬に貢献した小栗さんの功績たたえ

オグリローマンの桜花賞制覇の前年秋、岐阜新聞「記者ノート」に、こんな記事を出稿していた。

引退後のオグリキャップと歩く、在りし日の小栗孝一さん

「夢を妹に託して…」

（1993年11月19日付岐阜新聞）

笠松競馬から中央競馬入りし大活躍し、岐阜県スポーツ栄誉賞にも輝いた名馬オグリキャップ。妹の3歳馬オグリローマンも現在、笠松競馬場で兄譲りの豪快なフットワークを見せ、1着4回、2着1回と好成績。来年1月には中央入りの予定。

兄オグリキャップは、中央クラシックレースに未登録のため出走できず、「幻のダービー馬」とも呼ばれた。オグリ兄妹の馬主・小栗孝一さんと鷲見昌勇調教師は「来春の最初のクラシックレース・桜花賞にオグリローマンをゲートインさせたい」という。
引退レースの有馬記念に優勝し、感動のオグリコールとともに「笠松」の名を全国にアピールした兄に続くか。オグリローマンにはクラシックレースでの活躍を期待したい。偉大な兄が果たせなかった夢を妹に託して……。

本当に桜花賞を勝ってくれるとは

記事掲載後、笠松競馬からお礼の手紙と特製テレホンカードが届いた。5カ月後、ローマンはダービーなど3冠レースに出られなかった兄キャップの無念を晴らす形で、オグリ一族悲願のクラシック制覇を果たした。強い馬だとは思っていたが、本当に桜花賞を勝ってくれるとは。期待を込めて書いた記事だったが、予想が当たったような気分で、最高にうれしかった。中央の馬主資格を取得していた小栗さんは、ローマンの馬主のまま、クラシック制覇の夢がかなった。

歴代のNAR特別表彰馬には、笠松からはキャップの母ホワイトナルビー（96年）に、ワカオライデ

「ＮＡＲ特別表彰馬」に選出されたオグリローマンの表彰式に出席した小栗孝一さんの家族や友人ら

ン（07年）とライデンリーダー（14年）の父子が選出されており、オグリローマンで4頭目となった。小栗さんは2015年10月、83歳で永眠されており、ローマンのNAR表彰式は、友人の胸に抱かれた遺影（引退後のオグリキャップと歩く姿）での出席となった。「地方競馬の発展に顕著な功績があったと認められる馬」としての晴れの表彰に、「このような賞をいただき、大変うれしいです」と喜びに包まれた家族ら。この表彰は「キャップやローマンの馬主として、地方競馬の繁栄に長年貢献してきた小栗さんの功績をたたえ、感謝の意味も込められたもの」と、出席者は感じていたという。

地元・笠松競馬場では、「オグリ」と名の付く愛馬たちの応援馬券を、こつこつと買い続けていらっしゃった小栗さんの姿が目に浮かぶ。キャップを小さな競馬場から中央という大きな舞台へ旅に出したが、初代馬主としての誇りを失わず、その活躍ぶりをわが子のように見守り続け、「日本一の競走馬に」という夢を実現した。クラシックへの夢は妹に託して、ローマンで桜花賞を制することができた。

笠松でキャップやローマンの調教師を務めた鷲見昌勇さんは「人情味のある人と、いい仕事ができた。天国でも良い馬をつくってほしい」と別れを惜しんでいた。小栗さん・鷲見さんの名コンビに、主戦のアンカツさん（安藤勝己騎手）が名馬の力を引き出し、中央のエリート馬をねじ伏せる強い馬に育てたといえる。地方発の中央GI馬2頭は、笠松競馬から誕生した「永遠の宝物」として輝き続けることだろう。

（2016・3・17）

オグリに感謝「桜満開の春」

オグリローマンが笠松でデビューした時の貴重な写真があった。1993年7月28日の800メートル新馬戦で、アンカツさんが騎乗し、6馬身差の圧勝劇だった。地元の笠松、名古屋では6勝2着1回。ライバルはマルカショウグンで、秋風ジュニアで先着を許したが、ジュニアグランプリでは圧倒し、桜花賞出走を目指して中央に移籍した。

この頃、笠松競馬の馬券は電話投票でも買えたが、まだインターネット販売がなかった時代。競馬場まで出掛けてレースを楽しむファンが圧倒的に多く、入場者数4000~5000人、売上高2~3億円はあった。かつては名古屋、多治見方面から無料送迎バスも運行されており、年末の名物レース「東海ゴールドカップ」開催日は毎年すごい人出となった。今では夢のような数字だが、81年には入場者2万8924人を記録し、売上高は何と10億円を突破した。

平日開催が定着した最近では、入場者数は800~900人程度に落ち込み、全国的にも「おいしい」と評判だった場内飲食店の閉店も相次いでいる。ネットや場外が好調で馬券販売は持ち直しているとはいえ、やはり、まずはファンを呼べる強いスターホースを育てて、若者や家族連れが足を運びやすい祝日開催を増やすなどして、笠松競馬場でのライブ感覚を盛り上げてほしいものだ。

競馬を楽しむには、もちろん馬券との付き合い方も大切だ。好きな馬に投資するなら、たとえ負けたとしても「観戦料か、餌代のつもり」と思えば安い

93年、安藤勝己騎手が騎乗し、ジュニアグランプリで勝利を飾ったオグリローマン

もの？　1レース100円から楽しめ、女性ファンも気軽に参加できる。ネットで購入するファンも増えているが、とにかく競馬場で馬券を握り締めて、生のレースを見るドキドキ感は最高に楽しい。

春の阪神競馬場にオグリコール

オグリローマンがチューリップ賞2着から挑んで勝った桜花賞。レースは、武豊騎手が手綱を取り、中団後方から大外一気の強烈な差し切りを決め、ツィンクルブライド（大崎昭一騎手）にハナ差先着した。歓喜のウイニングランでは、春の阪神競馬場にオグリコールが湧き起こった。オグリキャップのラストランとなった有馬記念に続き、またしても天才・武豊騎手が、笠松出身の名馬を勝利に導いてくれた。

当日は、ウインズ名古屋でレースを観戦していたが、ローマンは、馬券的にも「桜満開の春」を運んでくれた。かつてオグリキャップが、岡部幸雄騎手（88年）と武豊騎手（90年）の騎乗で有馬記念を2度制していたことから、両騎手を絡めた思い入れたっぷりの「オグリ馬券」で勝負した。まだ馬単や3連単がない時代で、枠連①④を中心に購入した。3番人気のローマンが勝ち、2着ツィンクルブライドは12番人気。①④がズバリ入って2230円を1万円ゲット。④枠は岡部騎手・メローフルーツの代用だったが、これぞ「馬券おやじ」が愛する昔ながらの枠連の魅力か。馬連で買っていたら外れていた。

まだJR尾頭橋駅（名古屋市金山）が開業前で、金山駅までとぼとぼと歩くファンが多かった時代。突き抜ける快感に浸りながら、帰りはJR名古屋駅までタクシー乗車。「この辺りにいる運転手さんは、やはり競馬ファンも多いだろうなあ」と勝手に思いながら、車内でも興奮覚めやらずに「桜花賞、当たったよ」と叫んでいた。もうけ話をした後だったので、ご祝儀気分で「お釣りはいいです」のひと言。気前良く万札でも渡していれば格好良かったのだろうが……。応援していたローマンの追い込みがすごかったこともあり、悲願のクラシック制覇で、記憶に残るラッキーな思い出。オグリ一族に感謝した一日だった。

桜花賞の季節が迫ってきた。桜の開花はやや早いようだが、例年なら桜吹雪が舞う中、最初のコーナーに向かって先陣争いをする華麗な3歳牝馬たち。オグリローマンが勝った翌年には、アンカツさん騎乗で1番人気のライデンリーダーが4着と健闘し、笠松の名馬ゆかりのGIレースといえる。最後の長い直線を制し、どの若駒がどんな桜の大輪を咲かせるのか、わくわくするクラシックシーズンが幕を開ける。

（2016・3・24）

オグリキャップ像はパワースポット

3月27日は、オグリキャップの誕生日だ。

1985年生まれで、2010年7月3日に25歳で天国に旅立ってから、もう6年近くになる。笠松競馬場内には、現役時代の活躍をたたえる等身大のブロンズ像が設置されており、競馬場存続のシンボルであるとともに、新たな「パワースポット」としても、全国のファンに親しまれている。

午《うま》年だった14年には、オグリキャップ像前で年越しの「新年カウントダウン」イベントも開かれた。笠松から中央入りし、有馬記念を2度制覇した出世馬オグリキャップのパワーにあやかろうと、地域住民やファンら約300人が集まった。カウントダウンで新年を祝った後、若者や女性ファンらも次々とオグリキャップ像を取り囲むと、胸や背中を手で触れたり、なでたりしながら一年の幸せや健康、金運などの御利益を願っていた。

笠松競馬場で開かれた「新年カウントダウン」のイベント。名馬のパワーにあやかろうと、オグリキャップ像の胸などに触れるファン

このイベントは「オグリキャップ魂忘れまじ」と

開かれたもので、来町者に地域情報や休憩所を提供する、地元の「まちの駅」の駅長でつくる駅長会が企画した。笠松競馬場も「まちの駅」の一つになっている。オグリキャップ像の制作は可児市の彫刻家神戸峰男さんが手掛けたもので、１９９２年に完成した。当時、全国のファンから多くの寄付金が集まったという。像の前にはオグリキャップのたてがみも設置されている。たてがみは、キャップが引退後、余生を送っていた北海道新冠《にいかっぷ》町の優駿スタリオンステーションから、笠松競馬場に形見として贈られ、「オグリキャップよ永遠に」のメッセージも刻まれている。

オグリキャップのたてがみの展示記念碑

「笠松の灯を消さないで」

笠松競馬は経営難などで２００４年から何度も存廃問題に揺れてきたが、競馬場入り口に立つオグリキャップ像は、訪れたファンらにいつも「笠松の灯を消さないで」と呼び掛けてきたように感じる。賞金や手当の大幅カットに生活を脅かされた騎手や厩舎関係者らを勇気づけ、「永続の守り神」として天国から目を光らせてきた。笠松競馬にとって、この像の存在は本当に大きい。もし建立されていなかったら、オグリを生んだ「地方競馬の聖地」に対して、北海道の馬産地や全国のファンからの「存続支援」の声も少なく、「廃止」への流れが加速していたに違いない。05年4月の「オグリキャップ記念」レース時には、笠松への里帰りセレモニーでファンの前で雄姿を披露するなど、競馬場存続を支え続けてきた。

笠松ファンにとっては、「高松宮記念」（27日・中京）も思い出深いレース。まだGⅡでレース名が「高松宮杯」だった88年には、連勝街道を突っ走っていた4歳（現3歳）のオグリキャップが初めて古馬に挑んだ一戦。ランドヒリュウを鮮やかに差し切り、重賞5連勝を飾った。03年3月には、中央入りしたばかりのアンカツさんが、ビリーヴで高松宮記念に挑戦した。レースをゴール前で観戦していたが、好位からあっさり抜け出し、歓喜の勝利。笠松所属時代にライデンリーダーやレジェンドハンターであと一歩届かなかった「GⅠ制覇」の夢をかなえた一瞬だった。

16年の高松宮記念も18頭が出走する。「芦毛の怪物」と称されたオグリつながりで、メンバー唯一の芦毛馬スノードラゴンに注目。このレースで過去3着までに入った馬の好走が目立っており、スノードラゴンは14年の高松宮記念で2着、秋のスプリンターズSを制覇するなど実績十分。笠松でラブミーチャンを勝利に導いたことがある福永祐一騎手のビッグアーサーや、柴山雄一騎手（笠松出身）の手綱でGⅠ2着経験があるアルビアーノ（今回はルメール騎手）も有力。あとは15年2、3着だったハクサンムーン、ミッキーアイルが3着までに絡んでくれるかも。

笠松競馬は15年度の開催を終了した。新年度は4月1日にスタート。ゴールデンウイーク前の28日には「オグリキャップ記念」（SPI）も開催される。全国のファンの皆さん、オグリキャップ像が来場をお待ちしています。

（2016・3・25）

☆高松宮記念・レース結果　①ビッグアーサー②ミッキーアイル③アルビアーノ

ＪＲＡ初勝利目指す吉井騎手

笠松競馬場内のウイナーズサークルで、２０１５年の成績優秀者表彰（騎手部門）を受けた吉井友彦騎手と佐藤友則騎手。吉井騎手は32歳で京都府出身、佐藤騎手は34歳で岐阜市出身。笠松の「走るドラマ」を盛り上げる良き友であり、ライバルでもある。笠松リーディングを争い、中央での勝利にも意欲を見せている。

吉井騎手は１２９勝を挙げ、２年連続でリーディングに輝いた。笠松のエース格となったが、ＪＲＡではまだ勝利がない。オグリキャップの誕生日だった３月27日には、中山に遠征し、五つのレースに騎乗。笠松のリックカグラ（森山英雄厩舎）で挑んだ３歳戦（芝１２００メートル）は完敗に終わったが、全てのレースで騎乗馬を人気以上の着順に導き、存

2015 年のラブミーチャン記念を制したミスミランダーと
吉井友彦騎手

在感を示した。

第7Rでは、笠松在籍時に2連勝したことがあるモシモシ（牝6歳）に騎乗。単勝125倍の14番人気だったが、最後方から鋭く追い込んで5着に入り、掲示板を確保。3着とはハナ、クビ差で同タイムだった。「大外に出しての直線勝負で、いい脚を使ってくれた」と、さすが吉井騎手と思わせる好騎乗。

笠松競馬にも在籍し、2勝を飾ったモシモシ

応援馬券では、惜しくも3連複540倍をゲットできなかったが、次走が楽しみな走りだった。最終12Rでは、ラブミーチャンと同じサウスヴィグラス産駒のラブミークン（柴田大知騎手）が豪快に差し切り、3連単は100万馬券と大波乱。1、2着は当たっていたが、3着は13番人気でノーマークでした。

アンカツさんが道を切り開いてくれた

吉井騎手の目標は「JRAでの初勝利と3年連続の笠松リーディング」と意欲を示す。中央未勝利とは意外だったが、「騎乗機会が少ないからな。地方からの参戦だが、JRAの新人騎手と同じような気持ちで初勝利を目指してくれ」と、背中を押したくなった。笠松からの中央挑戦といえば、大先輩のアンカツさんが道を切り開いてくれた。吉井騎手はこれまで26戦して3着以内もないが、騎乗馬に恵まれれば、結果を出してくれるはず。今後もチャレンジを続けて、藤田菜七子騎手らJRAの新人に負けずに、早く初勝利を飾ってほしいものだ。

佐藤騎手はJRAでこれまで4勝を挙げているが、初勝利は27戦目となった2008年4月の阪神競馬場だった。これが圧巻のレースで、16番人気のクイックリープに騎乗し、単勝4万7360円、複勝9990円の記録的な超大穴で勝利した。15年は中央で2勝、2着3回、3着4回と、全国の地方所属騎手のうちトップの成績。笠松仕込みの先行力を武器に、3月末現在、地方騎手ではただ一人勝利を飾り、2着1回、3着3回と好成績。4、5月も阪神や京都に参戦予定で、大暴れが期待される。主戦場の地元・笠松では「初めてのリーディングを目指して、（吉井騎手らに）負けないように頑張りたい」と闘志を燃やしている。

ベテランの東川公則騎手、向山牧騎手とともに「笠松の顔」としてさらなる飛躍が期待される吉井騎手と佐藤騎手。今後もJRAやダートグレード（地方・中央交流）への挑戦を続け、中央の騎手をアッと言わせる勝利を飾ってほしいものだ。

（2016・4・2）

2年連続で笠松リーディングに輝いた吉井友彦騎手。JRAでの初勝利も目指す

葵ちゃん、重賞2連勝

「やったね、葵ちゃん。重賞2連勝だ」。笠松競馬の新年度がスタートした1日、名古屋から参戦した木之前葵騎手がカツゲキキトキト（牡3歳）で「新緑賞」（SPⅡ、3歳オープン）を制覇した。カツゲキキトキトは名古屋でのスプリングカップ（大畑雅章騎手）、新春ペガサスカップ（木之前騎手）に続いて重賞3連勝となった。

カツゲキキトキトはもともと笠松デビューで、新馬勝ちした後、3戦目から名古屋（錦見勇夫厩舎）に移籍した。「（まだ重賞未勝利の）葵に勝たせるために、オーナーにお願いした」（錦見調教師）との親心から、厩舎の先輩・大畑騎手から木之前騎手に手綱が託された。前走に続いて笠松でも圧倒的1番人気に押され、「負けられない」プレッシャーもあったが、2番手から直線で抜け出すと2着のメガホワイティ（笠松）に4馬身差をつけて圧勝した。

笠松でもカツゲキキトキトで重賞を初制覇。勝利インタビューで笑顔を見せる木之前葵騎手

会心のレース運びに、勝利インタビューでは葵スマイルがはじけた。「先行策で、（前走に続いて笠松でも）念願の重賞を制覇することができた。これからも期待に応えていきたいです」と、本格化したカツゲキキトキトに手応え十分。次走から再び大畑騎

手とのコンビになるようだが、6月の東海ダービーに向けて視界良好で、一気に最有力候補に浮上した。1月にゴールドジュニアで重賞初制覇を果たした笠松の大将・ハイジャ（牡3歳、井上孝彦厩舎）も出走すれば、対決が楽しみになる。

「ハート散らし」の勝負服

デビュー4年目となる木之前騎手は、宮崎県出身の22歳で「ハート散らし」の勝負服がよく似合う。これまで名古屋、笠松で145勝（4月7日現在）を挙げており、15年5月には海外でも初騎乗。イギリスのリングフィールド競馬で開催された世界の女性騎手を招待する「レディースワールドチャンピオンシップ」第8戦で見事な優勝を飾っている。地方競馬全国協会からは「NARグランプリ2015」の優秀女性騎手賞の表彰も受けた。

JRAでは16年ぶりの女性騎手デビューということで、藤田菜七子騎手がまぶしいほどのスポットライトを浴びている。「菜七子フィーバー」は、その人気と集客力から地方競馬も巻き込んでおり、このところ女性騎手への注目度が急激に高まっている。木之前騎手は名古屋、笠松で悲願の重賞制覇を果たしたことで、ファンに「木之前葵、ここにあり」を示すことができた。笠松での表彰式では、オールドファンから「菜七子に負けるなよー。名古屋に来た

笠松「新緑賞」で、カツゲキキトキトに騎乗して圧勝した木之前葵騎手

ら、やっつけちゃえ」と、熱〜い声援も飛んでいた。「以前は泣きながら馬に乗っていたことも多かった」という木之前騎手だが、最近では「馬上でも余裕が出てきた。他馬の動きをよく見て、一つでも多く勝ちたいです」と意欲を示し、人気と実力を兼ね備えてきた。今後はＪＲＡへの挑戦や、ダートグレード競走など全国の重賞戦線での活躍が期待され、「葵フィーバー」が巻き起こりそうな予感がしている。

中央では3歳牝馬のクラッシック初戦となる「桜花賞」（10日・阪神）に18頭がゲートインする。桜

葵スマイルに、ファンからも
熱い声援が飛んだ

花賞といえば、笠松の人馬にとっても縁の深いレースで、オグリローマンがチューリップ賞2着から「桜の女王」に輝き、アンカツさんはブエナビスタやダイワスカーレットなどで4勝を挙げた「桜花賞男」だった。ここ5年ではディープインパクト産駒が4連勝、15年も2、3着と圧倒的に強い。16年はダイワメジャー産駒のメジャーエンブレムと、チューリップ賞2着のジュエラーの一騎打ちムードで、外国人騎手のワンツーか。あとはチューリップ賞1、3着でディープインパクト産駒のシンハライト、ラベンダーヴァレイに、桜花賞5勝の武豊騎手が騎乗するレッドアヴァンセにもチャンスあり。

笠松競馬場やシアター恵那では、土曜・日曜日にＪＲＡの馬券も販売しており、もちろん桜花賞や日本ダービーなどＧⅠレースも楽しめますので、ぜひ利用してみてください。

（２０１６・４・８）

☆桜花賞・レース結果　①ジュエラー②シンハライト③アットザシーサイド

「菜七子フィーバー」地方競馬でも

ＪＲＡの藤田菜七子騎手が4月12日、金沢競馬にも参戦して2勝、2着2回と大活躍だった。福島でＪＲＡ初勝利を飾った直後とあって、開門ダッシュのファンらで大にぎわい。来場を記念した冠レース「ようこそ藤田菜七子騎手杯」などが開催される歓迎ぶりで、「ななこ」にちなんで、先着775人に花見だんごが配られるサービスもあった。

地方競馬でも「菜七子フィーバー」は過熱気味。金沢での集客力アップは、1週前の同じ火曜日と比べてみると明らか。入場者は1877人から4162人に増え、売上高は2億1900万円から65％増の3億6000万円と「菜七子効果」は絶大だった。土曜・日曜はＪＲＡ、平日は地方競馬で全力疾走する姿にファンも共感。競馬界に舞い降りたニューアイドルの人気はますます勢いを増しそうだ。

ＪＲＡでは、51戦目となった福島9Ｒで初勝利を飾り、桜花賞デーに待望の「開花宣言」となった。新人騎手には負担重量3キロ減の恩恵があるものの、先輩騎手もそう簡単には勝たせてくれなかった。ハナ差2着など惜しいレースが続いていたが、サニーデイズ（牡5歳）で鮮やかに逃げ切り、ファンの大歓声に歓喜の涙を流した。「ホッとした。思い描

この日２勝。パドック周回では、菜七子スマイルでファンの声援に応えた

いたレースがようやくでき、次の目標は2勝目を挙げること」と喜びを語った。

ファンの声援を力に

同期の中では4人目の初勝利を飾った藤田騎手。スタートがうまく、軽量を生かした先行逃げ切りでこそ能力が発揮できるタイプ。デビュー戦で武豊騎手も認めていたように、騎乗技術には光るものがあり、今後は有力馬への騎乗依頼も増えてくる。最後の直線では「そのまま」とファンの声援も大きく、男性騎手を従えての「プリンセス」1着ゴールのシーンも多く見られることだろう。

今回、いち早く藤田騎手の来場を実現し、ファンサービスに努めた金沢競馬。スタンド前での紹介式で藤田騎手は、ファンの声援を力に頑張っていくことを誓い、愛らしいスマイルで応えた。地元トップジョッキーの吉原寛人騎手も逃げ切りでの2勝を高く評価し、「すごくお客さんが入ってくれた。これだけのファンを呼べるジョッキーはなかなかいない」と藤田騎手の活躍をたたえた。

藤田騎手は13日には船橋での交流重賞「マリーンカップ」（GⅢ）にも参戦したが、ブラックバカラ騎乗で8着に終わった。直前のレースではスタート直後につまずいて落馬。顔に擦り傷を負い、ファンをヒヤリとさせたが、大事には至らなかった。騎手には落馬は付きもので、絶えず「命懸け」の宿命を背負ってレースに臨んでいるが、まだ始まったばかりの騎手人生を無事に歩んでいってほしいものだ。

マリーンカップでは、こちらも人気の白毛馬ブチコがゲート突進で負傷し、出走除外となった。笠松からタッチデュール（牝7歳、中野省吾騎手）も参戦し、単勝250倍と人気はなかったが、鋭い追い込みで4着に入る大健闘。1、2着馬には離されたが、3着馬にはハナ差に迫り、健在ぶりを示した。笠松の牝馬としてはエレーヌ、トウホクビジンに続いてタフさを発揮する「鉄の女」で、交流重賞を中

レースを終え、インタビューを受ける藤田菜七子騎手

金沢競馬場のスタンド前で行われた藤田菜七子騎手の紹介式には多くのファンが詰め掛けた

心に全国の競馬場を駆け抜けており、大穴馬券にも絡んできた。

笠松参戦をよろしく

これまで地方競馬へは川崎、高知、浦和、金沢、船橋の5場に参戦した藤田騎手。今後は各競馬場への「誘致合戦」も激しくなりそうで、名馬、名手の里・笠松にも早く来てほしいが、どうだろうか。ラブミーチャンの馬主だったＤｒ．コパこと小林祥晃さんは地方馬、中央馬を多く所有しており、オグリキャップ記念やラブミーチャン記念など笠松が誇る重賞レースや、地方・中央交流レースなどで、藤田騎手の笠松参戦をよろしくお願いしたいところだ。

牡馬クラシック初戦となる皐月賞（17日・中山）は、3強ムードだが、波乱の目もありそうだ。きさらぎ賞を楽勝したサトノダイヤモンドより、弥生賞での直接対戦で1、2着だったマカヒキ、リオンディーズの方が競り合いに強いのでは。マカヒキを単候補に、ディープインパクト産駒で3連勝中のアドマイヤダイオウとマウントロブソン、皐月賞に強い共同通信杯優勝馬のディーマジェスティにも注目。

（2016・4・15）

☆皐月賞・レース結果　①ディーマジェスティ②マカヒキ③サトノダイヤモンド

笠松でも活躍した女性騎手

女性騎手は笠松競馬にもかつて在籍していた。中島広美さんと岡河まき子さんの２人で、１９９０年代のほぼ同時期にアンカツさんをはじめ、アンミツさん（安藤光彰騎手）やハマちゃん（浜口楠彦騎手）らと笠松のトップジョッキーと手綱さばきを競い、ゴールを目指した。

中島さんは、滋賀県出身で笠松競馬初の女性騎手となった。「仕事をするなら何か変わったことをしたい」と、騎手候補を募集する広告を見て応募したという。92年に17歳で笠松デビュー。１年目から12勝を挙げ、重賞（オグリオー記念）で２着に入る好騎乗を見せ、通算１２０勝を飾った。93年には笠松、大井、金沢を転戦する国際競走「クイーンジョッキーシリーズ」（日、米、英など７カ国参加）にも出走。女性騎手の第一人者で通算

笠松競馬初めての女性騎手として活躍した中島広美騎手、1992 年

中島広美騎手

３５０勝を挙げた吉岡牧子さん（益田）らとともに、日本代表としてレースを盛り上げた。騎乗した馬ではオグリジョージが好きだったという中島さんは、96年に先輩の田口輝彦さん（現調教師）と結婚。当時、ジョッキー同士のゴールインとして話題を集めた。

男性社会の競馬界に飛び込んで

岡河さんは広島県出身で、93年に笠松デビュー。「テレビ番組で女性ジョッキーの活躍ぶりを見て憧れ、競馬の世界に入った」という。デビュー戦で３着に入る活躍を見せて「追い込みのできる騎手になりたい」と夢を語っていた。騎乗数はそれほど多くなく、通算では20勝だった。中島さんとは同じレースで腕を競い合うこともあった。

当時は、オグリキャップが引退した後、94年にオグリローマン、95年にはライデンリーダーが中央の桜花賞に挑戦するなど、笠松勢が強かった古き良き時代だった。中島さんと岡河さんの２人は、ともに栃木県の地方競馬教養センターで２年間訓練を積んで、騎手免許試験に合格した。ジョッキーへの道に大きな夢を抱いて、「地方競馬の雄」でもあった笠松のゲートをたたき、木曽川河畔に熱いレースを繰り広げた。男性社会の競馬界に飛び込んで競走馬に自分の人生を懸けた、勇気ある女性だったといえる。２人の活躍は当時のファンの心に深く刻まれている。

笠松デビュー戦で見事３着に入った
岡河まき子騎手、1993 年

現在（２０１６年）、日本の競馬界で現役の女性騎手は7人。ＪＲＡに藤田菜七子騎手、全国の地方競馬には高知に別府真衣騎手ら2人、名古屋、佐賀、岩手、ばんえい（北海道帯広市）に各1人で計6人が奮闘している。名古屋競馬では、２０１１年8月に引退して2児の母となった宮下瞳元騎手が「自分が馬に乗っている姿を、子どもたちに見せたくて」と、現役復帰に意欲を燃やしている。６２６勝と国内の女性騎手最多勝記録を持ち、韓国でも56勝を挙げたほどの名ジョッキー。現在は厩務員をこなしながら騎手復帰に向けて準備中で、まず5月に迫った学科試験を突破して、騎手試験の合格を目指している。

「宮下騎手」復活が実現すれば

東海地区では近年、名古屋の馬が笠松に参戦して地元馬を圧倒する傾向が強く、「宮下騎手」復活が実現すれば、笠松での騎乗も増えそうだ。復帰を待ち望むファンも多く、ぜひとも合格して、華麗な手綱さばきをまた披露してほしい。偉大な先輩が復帰すれば、名古屋で成長著しい木之前葵騎手にも良い影響を与えそうだ。

このところの女性騎手へのファンの熱い声援は、時代の流れなのだろう。ＪＲＡから地方競馬にも波及した藤田騎手への熱視線は、一過性に終わりそうもない。騎手試験合格への道は確かに険しいが、ＪＲＡほどハードルが高くはない地方競馬では、もっと女性騎手が増えてもいいのでは。笠松でも、かつての中島さんや岡河さんのような女性騎手の誕生が再びあるかもしれない。もし実現すれば、東海地区では名古屋の木之前騎手、復帰を目指す宮下元騎手との対決も楽しみとなる。競馬場の雰囲気もぐっと華やかになるし、来場する若いファンも増えて、盛り上がることだろう。

新年度の開催がスタートした笠松競馬では、ＪＲＡ並みに「1日12レース」が連日実施された。これ

満開になった笠松競馬場周辺の桜並木

までは1日10レース前後だったが、運営費などの面から効率よくレースが実施され、馬券販売では大きな成果があった。15日には3億円の大台を久々に突破し、6日間の1日平均でも2億円を超えた。入場者は900人前後だったが、競馬場周辺の奈良津堤の桜並木が満開となった5日には1235人が来場した。3連単馬券では10万円以上が6回と、高配当も飛び出していた。

まずは好スタートを切ったといえる新年度の笠松競馬。次回は25日からで、28日にはオグリキャップ記念も開催される。門別（北海道）、大井（東京都）、高知などからも強豪馬が出走予定で、白熱したレースが期待できる。（2016・4・21）

※2016年8月、宮下瞳騎手が現役復帰を果たした。

競馬場救ったオグリ里帰り

2005年4月、笠松競馬場に伝説の「オグリコール」が再び響き渡った。当時、廃止の危機にひんしていた笠松競馬をよみがえらせる「救世主」として里帰りした名馬オグリキャップ。その雄姿にファンは熱狂し、関係者は「笠松復興」への大きな一歩を踏み出した。

バブル経済崩壊後の1993年度以降、笠松競馬の馬券販売は右肩下がりが続き、50億円以上あった基金も次々と取り崩していた。2004年9月には県の第三者機関から「経営は既に構造的に破綻しており、競馬事業を速やかに廃止すべき」とする厳しい提案があり、関係者に激震が走った。

「まだ累積赤字もないのに」と驚いた騎手・調教師ら。笠松に競走馬を供給する北海道の馬産地有志や全国のファンらとともに「オグリを生んだ競馬場をつぶされてたまるか」と立ち上がった。「笠松競馬を未来につなげるつどい」ではアンカツさんらが「存続のために後押しを」と呼び掛け、調教師の妻たちでつくる「愛馬会」も署名活動などで存続を力強く訴えた。

思い切った経営改善が進められず、バブル時代そのままの放漫経営を続けてきたツケが回ってきたようだった。競馬場の大半が借地であったこともあり、90%以上「廃止」に傾きかけていたが、競馬場関係者やファンらの存続への熱い思いは、県地方競馬組合を動かした。05年度はレース賞金、手当などが大幅にカットされた上、「赤字転落なら即廃止」という厳しい条件の下、1年間の期限付きでの存続が決まった。

永続への「希望の光」

オグリキャップの里帰りは、笠松競馬の再生事業の一環。北海道の優駿スタリオンステーションを旅立ち、オグリキャップ記念シリーズに合わせ、4月25日から2週間、羽島郡笠松町の円城寺厩舎に滞在した。JRA勢を圧倒する強い競走馬に育ててくれた古里・笠松に恩返しする形で、元気な姿を多くのファンに披露。永続への「希望の光」を放ち、競馬場再興への機運を一気に高めてくれた。

オグリキャップ記念当日の里帰りセレモニーでは、熱狂的な歓迎を受けた。全国から駆け付けたファンで埋まったスタンドからオグリコールが響く中、笠松での主戦騎手だったアンカツさんも再会した。有馬記念優勝の翌年1月、引退式で騎乗して以来の笠松での対面。「若々しくて元気そう。オグリ人気はさすが」と再会を喜ぶとともに、存廃に揺れる笠松の復興をファンに呼び掛けた。ゴール前では一瞬「ここでまた走るのかな」と、現役時代を思い出したかのように入

2005年4月、スタンドを埋めたファンの前で、アンカツさん(右)と対面するオグリキャップ

馬主、調教師、厩務員らオグリキャップゆかりの人らも出迎えた里帰りセレモニー。拍手とオグリコールが響いた

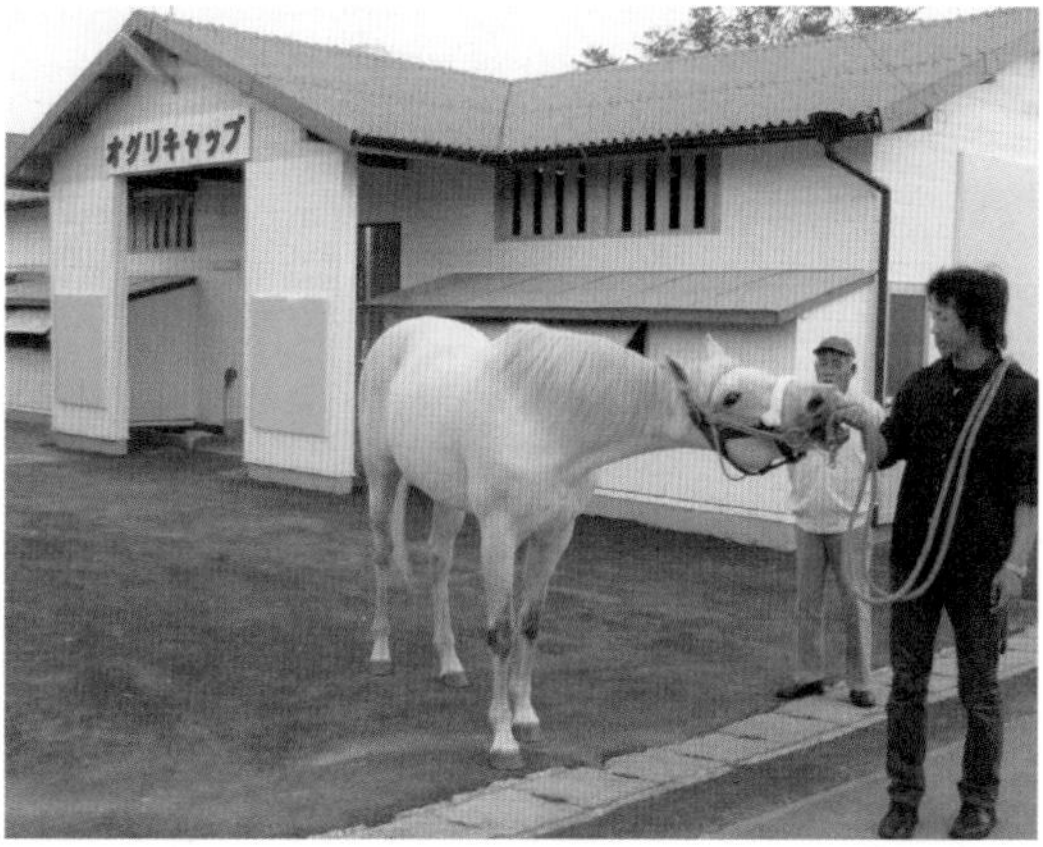

２週間の里帰りを終えて、北海道に向けて専用厩舎を出るオグリキャップ

れ込んだ姿も見せたオグリ。ＪＲＡに移籍していたアンカツさんは「今あるのはオグリのおかげ」との言葉通り、笠松での雄姿に背中を押されたように、2日後の春の天皇賞を13番人気のスズカマンボで見事に優勝を飾った。

「里帰りを活性化の起爆剤に」と期待を込めた関係者の願いは通じた。その後も永続への道は険しく、存廃問題は何度も浮上したが、「キャップが育った地方競馬の聖地をなくすな」と、笠松や馬産地の関係者、全国のファンの応援が大きな力となり、騎手や厩務員らは賞金や手当の大幅カットにも耐えて、存続を勝ち取ってきた。キャップがいなかったら、小さな競馬場は間違いなく、つぶれていただろう。

4月28日にオグリキャップ記念

25回目を迎えるオグリキャップ記念（地方全国交流レース）は4月28日、笠松競馬の第10Rで開催される。キャップが天国に旅立ってから6年。ＪＲＡでは、追悼のメモリアルレースが開催されたことがあるが、「オグリキャップ」を冠にした重みのある記念レースが開催されるのは、ここ笠松だけ。ラストランとなった有馬記念と同じ２５００メートルに、スタミナ自慢の10頭が出走する。全国からの遠征馬5頭は強力で、高知のリワードレブロンが史上初の3連覇を狙う。笠松からはタッチデュール、クワイアーソウルら4頭が迎え撃つ。笠松勢の優勝は2009年のクインオブクインが最後で、地元の意地を見せたい。枠順は次の通り決まった。

4月28日⑩R　オグリキャップ記念（SPI）
2500メートル、10頭　発走16時05分

		騎手
①	1ウォースピリッツ（笠松）	池田敏樹
②	2ディアジースター（笠松）	佐藤友則
③	3オグリタイム（北海道）	今井貴大
④	4タッチデュール（笠松）	藤原幹生
⑤	5ベルライン（愛知）	丸野勝虎
⑥	6クワイアーソウル（笠松）	東川公則
⑦	7リワードレブロン（高知）	永森大智
⑦	8ヴァーゲンザイル（兵庫）	大柿一真
⑧	9アウトジェネラル（大井）	矢野貴之
⑧	10グルームアイランド（金沢）	吉原寛人

北海道から参戦するオグリタイム（牡6歳）は、華麗なるオグリ一族の血脈を受け継ぐ1頭。オグリキャップの母はホワイトナルビーで、その第9子オグリビートの孫がオグリタイム。父タイムパラドックス、母はオグリビーナスで、馬主は小栗孝一さんの長女・江島勝代さん。2歳時に南部駒賞（水沢）を制覇し、昨年はJBCクラシック（大井）やマイルチャンピオンシップ南部杯（盛岡）にも出走した。

第5Rで「ありがとうオグリキャップ杯」、第9Rでは「小栗孝一メモリアル」も開催される。熊本地震の被災地支援のため、笠松競馬所属騎手、調教師による災害義援金の募金活動が27～29日の3日間、最終レース終了後に笠松競馬場正門付近で実施される。温かい支援をよろしくお願いします。

（2016・4・26）

金沢のグルームアイランド優勝、小栗孝一さんに感謝状

「第25回オグリキャップ記念」（SPI、2500メートル、地方全国交流競走）が4月28日、笠松競馬場の第10Rで開催され、吉原寛人騎手騎乗の1番人気グルームアイランド（金沢、牡5歳）がロングスパートを決めて優勝を飾った。笠松勢はクワイアーソウルの5着が最高だった。

笠松競馬が生んだ名馬オグリキャップの活躍をたたえる記念レース。15年10月に亡くなられた小栗孝一さんが初代馬主を務めた。時折激しく降る雨の中、1000人を超えるファンが声援を送った。この日の馬券販売は2億5120万円。

勝ったグルームアイランドは、2周目3コーナーから仕掛けて4コーナーで先頭に立つと、3連覇を狙ったリワードレブロン（高知）の追撃を半馬身差

オグリキャップ記念を制覇したグルームアイランド

で退けた。３着はアウトジェネラル（大井）。オグリキャップを大叔父に持つオグリタイム（北海道）はスタートからレースを引っ張ったが、踏ん張り切れなかった。

勝利インタビューで吉原騎手は「長くいい脚が使える馬で、早めに動いて良かった。リワードレブロンが外から来ていたが、油断せずに最後までしっかりと追った」と思い通りの完勝劇に満足そう。前走の金沢スプリングカップに続く重賞連勝に「金沢所属馬ですが、交流レースでも全力で勝ちにいきたい」と意欲を示した。

表彰式で喜びの吉原寛人騎手(右)。日本酒「オグリキャップ」も贈られた

第９Ｒの「小栗孝一メモリアル」は、吉井友彦騎手のオーロラバイオ（牝４歳）が制した。小栗孝一さんの功績をたたえる感謝状が、長女の江島勝代さんに贈られた。岐阜県地方競馬組合管理者の広江正明笠松町長は「愛馬オグリキャップの活躍をはじめ、競馬ファンのみならず多くの人々に夢と感動を与えた。地方競馬の繁栄に長年貢献され、笠松競馬の名を広く世に知らしめ、多大なご尽力をされた」と、生前の功績をたたえる感謝の言葉を述べた。

小栗孝一さんの生前の功績をたたえる感謝状が、長女の江島勝代さんに贈られた

（2016・4・28）

受け継がれ、走り続ける「オグリ魂」

笠松競馬と愛馬に情熱を注ぎ続けた小栗孝一さん。亡くなられる2日前、カレンダーを指さして発した最期の言葉も「競馬」だったという。

「オグリキャップ記念」のレース当日は、初代馬主だった小栗さんをしのぶかのように涙雨となり、表彰式では特に雨足が強くなった。第9Rでは「小栗孝一メモリアル」も行われ、馬主を引き継いだ長女の江島勝代さんに話を聞くことができた。

「一馬主でしたが、笠松競馬は父の人生でした。このような形でレースをやっていただき、うれしいです。織田信長のように『人生50年』との考えから、50歳で仕事をやめてからは馬一筋で好きなことをやり、笠松に通い続けた。車を運転できなくなってからも、私が連れていきました」と振り返り、小栗孝

小栗孝一メモリアルの表彰式。長女の江島勝代さん（右）と勝利を飾った吉井友彦騎手（左）ら

ーメモリアルの表彰式では、オーロラバイオ（牝4歳）で勝った吉井友彦騎手を祝福した。

愛馬たちに対しては、「馬主を何十年もやっていた父でしたが、とにかく無事に走ってくれることを願っていた。全ての持ち馬に『オグリ』という名を付けて、いつも自分の名前が呼ばれているような気がしていたようです」と勝代さん。キャップの中央移籍後も、出走したレースを各競馬場で観戦していた小栗さん。所有馬で手放したのはキャップだけだったが、有馬記念を2度制覇するような国民的スターホースに成長してくれて、「手放したことに後悔はなかった。キャップはすごいドラマをつくってくれたから」と大活躍を喜んでいた。

「オグリオー記念」も創設

小栗さんが笠松競馬の馬主になったのは1971年。当初、成績はパッとしなかったが、2年後に人生を変える馬と出会った。「アラブ種だったオグリオーの強さが記憶にあります。サラブレッドをバサバサとやっつけて、父も馬主として、はまっていった」と勝代さん。オグリオーは、73年にデビューし23勝を挙げたアラブの怪物。77年には「くろゆり賞」でサラブレッドに挑んで優勝。引退後には、その活躍をたたえる重賞「オグリオー記念」も創設された。2002年まで笠松の名物レースとして開催され、キンカイチフジや女傑スズノキャスターらが優勝馬となった。

15年秋以来、新たな馬主となって、父の愛馬たちを大切に引き継いできた勝代さん。「オグリキャップ記念に持ち馬が出ることは、父の悲願であったはず」と、キャップを大叔父に持つオグリタイム（北海道）を今回出走させた。コースを2周する長距離レースで果敢に先頭に立ち、最後は失速したが見せ場たっぷりだった。

「娘として父の遺志を継ぐこが、馬一筋に人生を懸けた父に対する最大の供養」という勝代さん。15

2005年、笠松競馬存続のため里帰りしたオグリキャップと再会。
「お帰り」と声を掛ける初代馬主だった小栗孝一さん

年はデビュー馬がいなかったが、16年はオグリタイムと同じ牧場生まれのオグリランダル（2歳牡馬）が登録された。父デュランダル、母はサツキアラシ。門別で能力試験を済ませ、近くデビュー予定だ。オグリタイムが2歳時から重賞勝ちを収め、副賞としてデュランダルの種付け権を獲得していたことから、孝一さんの持ち馬となっていた。キャップの血は引いていないが、今後の活躍が期待される1頭となる。

経営難による競馬場の存廃が検討された苦しい時代にも、地元の馬主として笠松競馬を支え続けた小栗さん。「オグリ」の名の付く馬たちは笠松、北海道などに13頭ほどになったが、天国に旅立った小栗さんの夢の続きは終わることはない。最後まで諦めずに走る姿でファンの心を揺さぶったキャップやローマンら。笠松育ちの熱い「オグリ魂」は、次世代の愛馬たちに受け継がれ、全国で走り続けることだろう。

（2016・5・12）

「幻のダービー馬」と呼ばれて（ダービー特集①）

日本ダービーの季節になると思い出すのは、笠松育ちの「野武士・オグリキャップ」の圧倒的パフォーマンス。１９８８年6月5日、東京競馬場で「事件」は起きた。関西での重賞3連勝後、東上して挑んだニュージーランドトロフィー4歳Ｓ（ＧⅡ）を圧勝した。その強さは関東の競馬ファンにも大きな衝撃を与えた。ダービーは1週前に終わっていたが、「オグリキャップが出ていたら、きっと勝っていたよ」と騒がれ、「幻のダービー馬」と呼ばれた。

ニュージーランドトロフィー4歳Ｓは、キャップが最も得意としたマイル戦（生涯7戦7勝）。最後の直線では「追っていない、追っていない、河内（騎手）は手綱を持ったままでゴールイン」とテレビ実況の声が響き、2着リンドホシに7馬身差をつけて

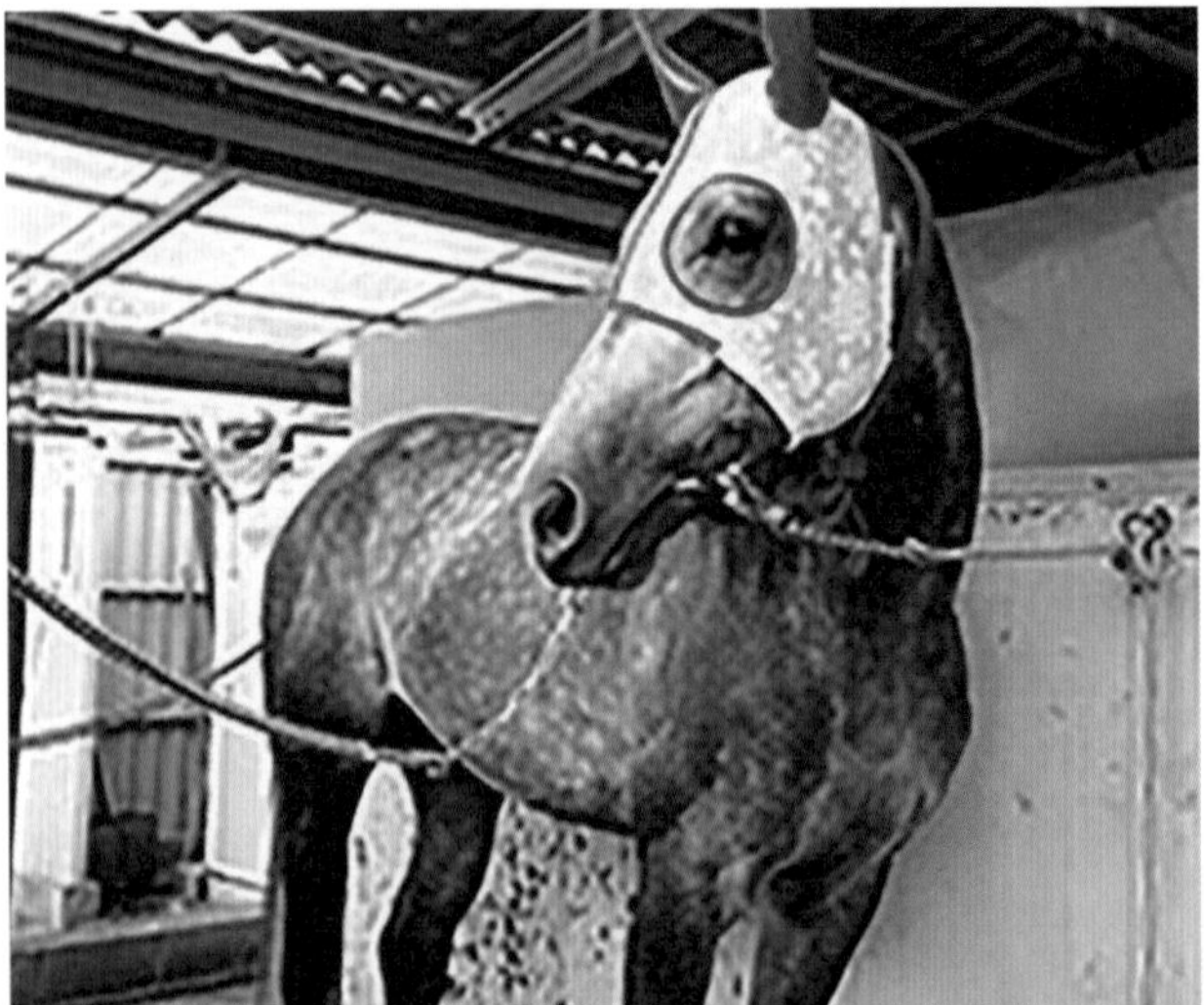

ＪＲＡ時代、レースを控えたオグリキャップ

の完勝。解説を務めた大川慶次郎さんも「桁違いですね」と強さに脱帽したコメント。走破タイムは1分34秒0で、ニッポーテイオーが勝ったGI安田記念より0・2秒速かった。あまりの楽勝ぶりに「日曜日の昼下がり、オグリキャップは東京競馬場で強めの調教を行った」といった味のある表現で、競馬誌もその強さをたたえた。

中央のクラシック登録は想定外

ゲート入りの際には、ブルブルッと首を振って武者震いする姿が印象的で、重賞での連勝街道に「芦毛の怪物」とも呼ばれた。誰もが認める「世代最強馬」であったキャップだが、クラシック登録がなかったばかりに、皐月賞、日本ダービー、菊花賞のクラシック3冠レースには出走できなかった。当時はクラシックに出走するためには、前年に予備登録することが必要だったが、笠松時代の初代馬主だった小栗孝一さんにとって、中央のクラシック登録は想定外のことだった。

笠松時代にはアンカツさんらを背に12レースを戦い抜き、中央入り後は既に古馬のような風格を漂わせ、重賞6連勝と同世代を寄せ付けなかったキャップ。もし仮にクラシック3冠レースに出走できていたら、結果はどうだったのか。同世代の馬たちとの力の差を比較してみよう。

まずは2000メートルの皐月賞。この年は東京で行われ、優勝したのはヤエノムテキで、2着はディクターランド。この2頭はキャップが勝った毎日杯で4着と7着に敗れており、キャップにとっては「勝負づけが済んだ相手」だった。2000メートル戦は毎日杯、京都4歳特別で連勝しており、距離適性も十分。皐月賞は難なく制覇し、1冠目を突破していたことだろう。

（2016・5・20）

「幻の3冠馬」オグリキャップ（ダービー特集②）

「幻のダービー馬」オグリキャップがクラシック３冠レースに出走できていたら、同世代優駿による「夢の第10レース」の結末はどうだったのか。

１９８８年の日本ダービー（東京、２４００メートル）はフルゲート24頭立て。今年と同じように戦国ダービーで大混戦だった。1番人気は阪神３歳Ｓ（ＧＩ）覇者のサッカーボーイ。その名の通り「強烈シュート」とも表現された差し脚が武器のスプリンターでファンの人気は高かったが、外枠スタートで15着に敗れた。皐月賞優勝の２番人気ヤエノムテキも伸び切れずに4着に終わった。

ダービーを勝ったのは、皐月賞3着で3番人気のサクラチヨノオー（小島太騎手）だった。ゴール前で差し返し、父マルゼンスキーの子として初めてのダービー馬となった。故障で1年間療養し、復帰後の安田記念と宝塚記念で惨敗して引退。残念ながらキャップと対戦することは一度もなかった。

オグリキャップの主戦・河内洋騎手は「直線入り口で1秒以内なら差し切れる」と豪語していたが、東京競馬場の長い直線は高い能力を存分に発揮できた最高の舞台。ニュージーランドトロフィー4歳Ｓでの楽勝ぶりや、ダービーと同じ距離２４００メートルのジャパンカップでタマモクロスに続く3着に

1990年の有馬記念を制した
オグリキャップ

食い込むなど、キャップの差し脚は破壊力十分だった。ダービーでも残り200メートルほどで力強く抜け出して、楽々と2冠を達成していた可能性が高い。サクラチヨノオーとの直接対決が実現していたら、ダービー馬を倒す「幻のダービー馬」の強さも見ることができただろうが……。

スーパークリークとは互角以上

3冠目となる菊花賞では、キャップに「距離の壁」が問われたことだろう。18頭立ての京都3000メートルを制したのは、当時まだ19歳だった武豊騎手が騎乗した3番人気スーパークリークだった。獲得賞金額の面では、出走資格は19番目だったスーパークリークだが、出走回避馬があり、抽選なしでゲートインできた。ただ、獲得賞金上位のキャップが出走していたら、スーパークリークは菊花賞を走ることすらできなかったかもしれない。

キャップの秋初戦は毎日王冠で、シリウスシンボリら古馬一線級を圧倒し、中央デビュー以来重賞6連勝。続く秋の天皇賞、ジャパンカップでは、古馬最強馬のタマモクロスと「芦毛対決」の死闘を演じて2着、3着を確保した。菊花賞に出走していたら、相手はスーパークリークただ1頭。皐月賞や日本ダービーほど楽な展開ではなかっただろうが、脚の骨折で春の出走を断念するなど順調さを欠き、クラシック初挑戦となったスーパークリークとは互角以上だっただろう。

キャップはその後、2500メートルの有馬記念を2勝しているように、距離が延びても苦にしないタイプ。競走能力の絶対値の高さから同世代とは次元の違う走りを見せており、3冠目となる菊花賞も制覇した可能性は80%以上あったのでは。クラシック登録がなく、世代を超えた戦いに挑んだキャップだったが、その強さは圧倒的で、スーパークリークも撃破していたに違いない。「幻の3冠馬」と呼んでもいいだろう。

（2016・5・25）

「キャップとアンカツ」最強コンビ（ダービー特集③）

「名馬、名手の里・笠松競馬」のキャッチフレーズにもなった、笠松育ちの名馬オグリキャップと名手アンカツさん（安藤勝己騎手）。地方と中央の厚い壁に挑み続けて頂点を極めたこの人馬は、笠松競馬が生んだ最強コンビであったが、中央では同じ舞台に立つことはなかった。

笠松時代にはキャップの背で7連勝したアンカツさん。もし1988年の日本ダービーにキャップと参戦できていたら、どんなパフォーマンスを見せてくれたのか。オークスをブエナビスタで勝った時のように、最後方から大外一気の鋭い末脚《すえあし》で、難なく差し切るシーンが目に浮かぶ。当時、アンカツさんは28歳で、ジョッキーとして脂が乗ってきた時期。成長著しいキャップの競走能力と根性を知り尽くし

有馬記念優勝後の1991年1月、笠松に里帰りしたオグリキャップの引退式。約3万人のファンのオグリコールの中、安藤勝己騎手を背にコースを周回した

た男だけに、2004年にキングカメハメハでダービージョッキーの称号を獲得した時のように、圧巻のゴールシーンを見せてくれたことだろう。思い描いただけで、ワクワクしてくるが……。

今年は戦国ダービーの様相だが、皐月賞を制覇したディーマジェスティだけがクラシック3冠馬になる可能性がある。騎乗するベテラン蛯名正義騎手は、24度目のダービー挑戦で悲願の初制覇を目指している。これまで、12年にフェノーメノでハナ差の2着、14年にもイスラボニータで2着。あと一歩のところでダービージョッキーの座を逃してきただけに、心情的にもそろそろ勝ってほしいが……。

3冠を制覇していたのでは

ダービーは「最も運がある馬が勝つ」といわれているが、皐月賞を4月17日に勝ったディーマジェスティにとって心強いデータもあるようだ。1980年以降、皐月賞を4月17日に勝った馬は、83年のミスターシービー、94年のナリタブライアン、2005年のディープインパクトの3頭が11年周期でダービー、菊花賞も制して3冠馬に輝いている。今年はディープインパクトから11年目であり、ディーマジェスティが勝つ可能性も十分にありそうだ。なお、1988年の皐月賞馬ヤエノムテキも4月17日に勝っていたが、1冠どまり。この年、オグリキャップがクラシックに参戦できていたら、やはり3冠を制覇していたのでは……。

ディープインパクト産駒が6頭も出走する今年のダービー。皐月賞の注目馬として挙げ、馬券的にも3連単的中でお世話になったディーマジェスティを本命に、皐月賞2着馬で切れ味鋭いマカヒキが2番手。ルメール騎手のサトノダイヤモンド、青葉賞1着のヴァンキッシュランも有力。あとはキングカメハメハ産駒のリオンディーズとエアスピネルの巻き返し、ダノンシャンティ産駒で京都新聞杯1着のスマートオーディンの末脚にも注目。

応援したいもう1頭は、アパパネで牝馬クラシック3冠を達成している国枝栄調教師（岐阜県北方町出身）が管理するプロディガルサン。こちらもディープ産駒で、騎乗する田辺裕信騎手はフェブラリーSで最低人気コパノリッキーを優勝に導いた大穴ジョッキー。国枝調教師の悲願である「ダービー調教師」への夢のゲートが開き、大外枠から一発を狙う。

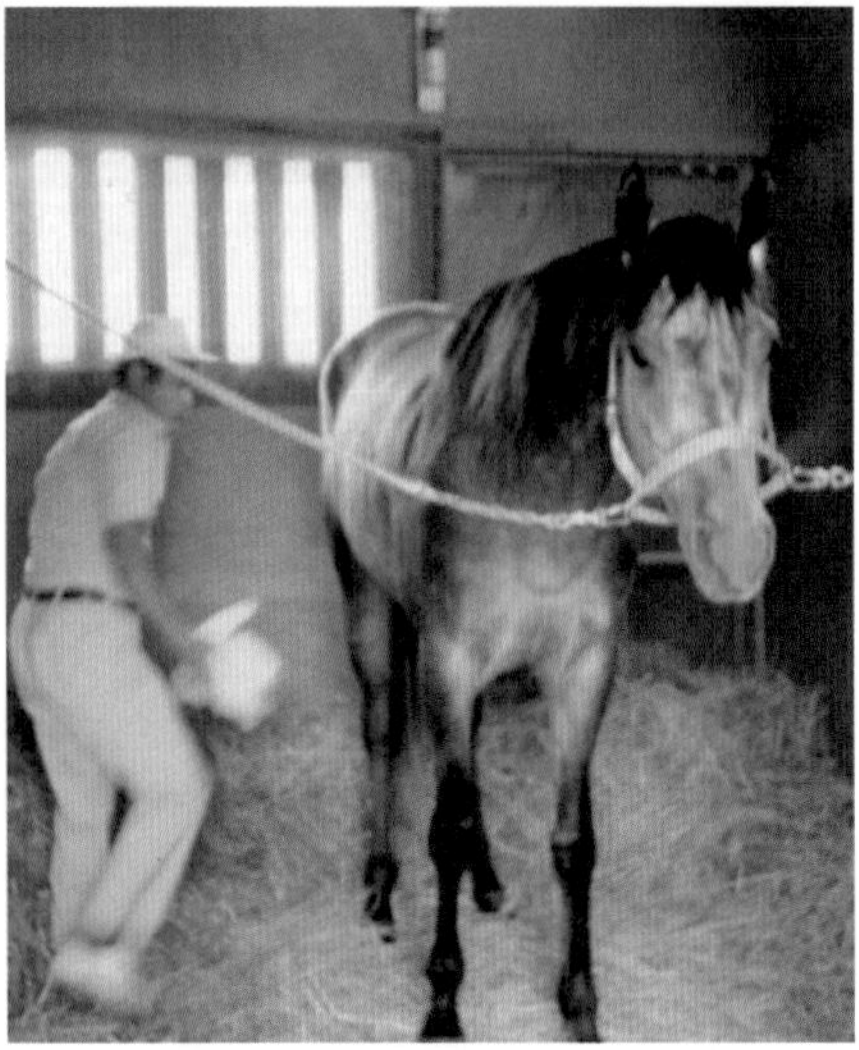
JRA 時代、馬房内のオグリキャップ

オグリキャップが「幻のダービー馬」と呼ばれてから28年が経過したが、近年の3冠馬であるディープインパクト、オルフェーヴルに続いてJRA「未来に語り継ぎたい名馬」の第3位に支持されており、永遠のヒーローである。現役時代をリアルタイムで知る40代以上のファンの支持を多く集めたようだが、見る者の胸を締め付けるような走りで感動を呼んだキャップのレースぶりを、若い競馬ファンにもぜひ知ってほしい。

（2016・5・27）

☆日本ダービー・レース結果　①マカヒキ②サトノダイヤモンド③ディーマジェスティ

安田記念Vのキャップは、愛馬スイテンの再来か

日本ダービーの頂上決戦は、マカヒキがハナ差で制し、３歳馬の頂点に立った。地方競馬でも佐賀を皮切りに「ダービーウイーク２０１６」の熱戦が繰り広げられており、６月７日に名古屋で東海ダービー、８日には大井で東京ダービーが開催される。

北陸・東海地区の東海ダービーは、トライアルの駿蹄賞を勝ったカツゲキキトキト（名古屋）が最有力。笠松からは駿蹄賞２着のキタノアドラーブルや新緑賞２着のメガホワイティらが参戦。東海ダービーといえば、オグリキャップが中央入りしなかったら挑戦していたはずのビッグレース。笠松時代の鷲見昌勇調教師は、東海ダービー制覇の夢を膨らませ、勝利を確信していただけに、キャップの中央入りには無念さも感じていた。キャップは「ダービー」と名の付くレースには縁がなかったようだ。

中央では初夏を彩る国際ＧＩレース「安田記念」（５日・東京）が開催される。現在の海津市出身で「日本競馬の父」と呼ばれた安田伊左衛門さんの功績をたたえたレース。安田さんは、馬券販売の競馬法制定や日本ダービー創設に心血を注ぎ、ＪＲＡ初代理事長を務めるなど、日本競馬の近代化に尽力された。

日本調教馬として初めての海外勝利馬

当時、安田さんの愛馬は「スイテン」という芦毛馬で、その雄姿はどこかキャップに似ているようにも見える。スイテンは１９０８年の帝室御賞典（現天皇賞）に優勝するなど53戦30勝の好成績で日本一の名馬となった。安田さんは海外にも広く目を向け、

安田伊左衛門さんの愛馬スイテン。通算 30 勝を挙げ、日本馬として初めて海外勝利を飾った

2005 年 4 月、笠松競馬場に里帰りしたオグリキャップ。芦毛馬スイテンの再来だったのか

馬券禁止令の発令中には日本馬をウラジオストクに遠征させた。スイテンは日露競馬大会などで5戦5勝と活躍し、日本調教馬として初めての海外勝利馬となった。

90年の安田記念では、武豊騎手騎乗のキャップが圧倒的な強さで制し、歴代優勝馬の一頭となった。コースレコードでゴールを駆け抜け、初騎乗した武騎手も「速かったですねえ」と驚きのレース内容。最後の直線も安心して見ていられた。岐阜県とのゆかりも深い安田記念を圧勝したキャップは、同じ芦毛馬でもあり、やはりスイテンの再来だったのかもしれない。安田さん出身の海津も競馬とのつながりが深く、高須競馬場では昭和の初めにレースが開催されていた。

今年の安田記念は、日本競馬の国際化に尽くした安田さんの気概に応えるかのように、モーリス、リアルスティールの海外GIを制覇した日本馬2頭がゲートインする。安田記念連覇を狙うモーリスは、香港マイル、香港チャンピオンズマイルを勝ち、目下マイルGIを4連勝中。キャップが勝った時は単勝1・4倍と圧倒的な支持を集めたが、モーリスも単勝1倍台の可能性もある。相手となるリアルスティールはドバイターフを制覇した勢いで国内GI初勝利を目指しており、この2頭のワンツーで決まるのか。あとはフィエロ（ルメール騎手）、ロサギガンティア（Mデムーロ騎手）と香港馬コンテントメントも上位を狙う。

（2016・6・3）

☆安田記念・レース結果　①ロゴタイプ②モーリス③フィエロ

笠松にダートグレード競走復活を願う

笠松競馬永続の守り神「オグリキャップ記念像」も寂しい思いをしているかも……。

かつては「地方競馬の雄」と呼ばれ、オグリキャップやライデンリーダーらの名馬を生んできた笠松競馬だが、近年はレース体系の面で肩身の狭い思いをしている。現在、ダート競走を実施している全国12の地方競馬主催者のうち、岐阜県地方競馬組合（笠松競馬）だけが、地方・中央交流重賞の「ダートグレード競走」を実施していないからだ。復興に向けた経営改善も進んでおり、地元ファンや競馬関係者の間では、GⅡレースから格下げされたまま開催されているオグリキャップ記念などのダートグレード復活を願う声も高まりそうだ。

笠松競馬では2004年まで、GⅡのオグリキャ

笠松競馬内のオグリキャップ記念像。かつてGⅡレースだった「オグリキャップ記念」のダートグレード復活を待っている

ップ記念とGⅢの全日本サラブレッドカップ（現在の笠松グランプリ）の2レースがダートグレード競走として開催されていた。看板レースでもあるオグリキャップ記念は、1992年に創設され、97年からはダートグレード競走格付け委員会が地方・中央統一の「GⅡ」レースに格付けした。2004年までの8年間、ハカタビッグワンやミツアキタービンら笠松勢が3勝、ナリタホマレやカネツフルーヴらJRA勢が5勝と、地方と中央の強豪がしのぎを削ってきた。

4000万円から500万円に

笠松競馬の経営が厳しくなった05年以降は、存続のための経費削減策として、オグリキャップ記念の1着賞金は4000万円から500万円に大幅カットされ、レースはGⅡから「東海・北陸・近畿地区交流」に格下げになった。JRA勢は参戦できなくなり、05年のオグリキャップ記念の馬券販売額は約7500万円で、前年の約1億6000万円から半減した。08年からは「地方全国交流」レースとなり、現在に至っている。

ダートグレード競走は、笠松以外の全国11カ所の地方競馬場で年間計40レースが開催されている。東海・北陸地区の名古屋では名古屋グランプリ、名古屋大賞典、かきつばた記念の3レース、金沢では白山大賞典が開かれている。残念ながら、笠松では「休止」となって11年が経過した。

04年以来続いてきた存廃問題の後遺症がいまだに尾を引いているようだが、笠松でも売り上げ増の切り札である馬券のインターネット販売が好調だ。JRAの「地方競馬IPAT」をはじめ、「オッズパーク」「SPAT4」「競馬モール（楽天）」で馬券販売額の約6割を占め、笠松競馬の実質単年度収支は3年連続で黒字になるなど「V字回復」を果たしつつある。苦しい時代に耐えて、長かったトンネルも抜けたようで、笠松復興の先行きにようやく光が見えてきた。競馬場側もホッと一息をついている段階で、まずは老朽化したスタンドや厩舎などの施設整備に予算が投入されるが、「名馬、名手の里」としては、やはり強い地元馬を育てて、ＪＲＡ馬との激突が楽しめるビッグレースで競馬場を盛り上げてほしいものだ。

白熱した「走るドラマ」を期待するファンのためにも、オグリキャップ記念や笠松グランプリのダートグレード競走への復活を、そろそろ真剣に考えるべき時期に来ている。「地方競馬の聖地」としての宿命を背負ってきた笠松競馬だけに、主催者サイドによる早期の英断を期待したい。オグリキャップという日本競馬界最大のヒーローのブランド力を競馬場再興にもっと生かしていくべきだ。

地方・中央の垣根を超越して激走したキャップと、初代馬主だった小栗孝一さんの供養のためにも、笠松の看板レース・オグリキャップ記念のダートグレード復活の日が待ち遠しい。（２０１６・６・12）

雨の中、開催された2016年のオグリキャップ記念。15年秋に亡くなられた小栗孝一さんをしのぶレースにもなった

レース賞金改善、笠松の底力

ダートグレード競走が「休止」となっている笠松競馬。オグリキャップ記念が格下げに甘んじていることには悔しさ、寂しさを感じるが、競馬場として生き残ることが先決だった。賞金が高いレースから縮小せざるを得なかった主催者サイドと、賞金・手当の減額に耐え続けて存続につなげてきた騎手や厩舎関係者たち。10年余りの苦難を乗り越えて、復活への道を歩み始めた「笠松の底力」には大きな拍手を送りたい。

笠松競馬のレース賞金は2005年以来、大幅カットが続いていたが、16年度は改善が図られており、騎手や厩舎関係者にとっては、将来に希望が持てる喜ばしいことだ。3月までは、上位3着までしか賞金が出ていなかったが、4月からは以前のように5

2015年に優秀な成績を収め、表彰を受ける笠松競馬の騎手や調教師ら。16年度は、減額されていたレース賞金・手当の改善が図られ、場内には明るい兆しも

着までが賞金対象となった。1～3着のアップ分も含め、各レース20％前後の上乗せとなっている。

かつての賞金水準にはまだ程遠く、1990年代と比較すると3分の1程度という現状だが、少しずつでも上乗せが続けば、賞金の対象となる「掲示板（5着以内）」を目指して、騎手のモチベーションも上がってくるはずだ。落馬事故の恐怖と闘いながら体を張って命懸けのレースに挑む騎手をはじめ、調教師や厩務員たちも前向きになれるはず。強い競走馬を育てて「笠松ブランド」の向上のためにも、待遇改善が継続して実施されることが必要だ。馬券販売の回復とともに笠松競馬の経営改善は着実に進む勢いにあり、17年度以降も黒字幅に応じたスライド制などで、レース賞金や手当の改善をお願いしたい。

オグリキャップ記念（地方全国交流・ＳＰＩ）など格下げになったレースのダートグレードへの復活も、レース賞金の上積みが鍵を握る。各地で開催さ

2014年4月、笠松競馬の看板レース・オグリキャップ記念

れているダートグレード（ＪｐｎⅢ）の優勝賞金は２１００万円が最低ラインで、賞金総額の負担額はＪＲＡと地方側が原則折半。笠松の優勝賞金では、笠松グランプリが１０００万円で最も高く、オグリキャップ記念が５００万円で続き、ラブミーチャン記念は２００万円。笠松で想定される格上げ時の優勝賞金を２１００万円とすると、５着までの賞金総額は３０００万円前後になる。

熱意を持って復活をアピール

16年のオグリキャップ記念の馬券販売額は約６４００万円だったが、ＪＲＡ馬も参戦するダートグレード（ＪｐｎⅢ）として復活すれば、注目度もかなりアップする。「オグリキャップの冠レースなら馬券を買ってみよう」という中央のファンも多いはず。インターネット販売が威力を発揮し、04年の約１億６０００万円を上回る馬券販売は十分可能。賞金分を差し引いても損はないだろう。

ダートグレードは、地方・中央の交流重賞というレースの格式の高さもあり、格上げには時間がかかるかもしれない。だが、これも時代の流れ。全国の地方競馬は軒並み、前年度比10％以上の馬券販売額アップを記録しており、先行きに明るさを取り戻している。笠松側が賞金面などを見直し、熱意を持って復活をアピールすれば、格上げはきっとかなうだろう。一度格下げになったレースがダートグレードに復活すれば、経営改善が進む地方競馬界の現状を象徴する景気の良いニュースにもなる。格付け管理委員会だって、地方・中央交流の先駆けとなって疾走したオグリキャップに敬意を払って、ダートグレード復活を後押ししてくれると思うのだが……。

（２０１６・６・20）

※２０２２年度のレース賞金は、オグリキャップ記念が１２００万円、笠松グランプリ１０００万円、ラブミーチャン記念は５００万円。

宝塚記念、牝馬と柴山騎手に注目

宝塚記念の思い出というと、やっぱりオグリキャップが2着に敗れた1990年のレース。阪神競馬場に駆け付けて、ライブで観戦したのでよく覚えている。前走の安田記念を武豊騎手の騎乗で楽勝していたので、勝利を信じていたのだが。

圧倒的な1番人気のキャップにとって、阪神はデビュー戦から連勝した相性の良いコースのはずだった。騎乗したのは若手の岡潤一郎騎手（93年に落馬事故で死亡）。馬券はまだ単複と枠連しかなかった時代で、キャップとイナリワンが、今となっては懐かしい「単枠指定」となった。3番手で手応え良さそうに4コーナーを回ったキャップだったが、ゴール前で伸びを欠くまさかの結末。先行したオサイチジョージに3馬身半届かず、ヤエノムテキにも詰め

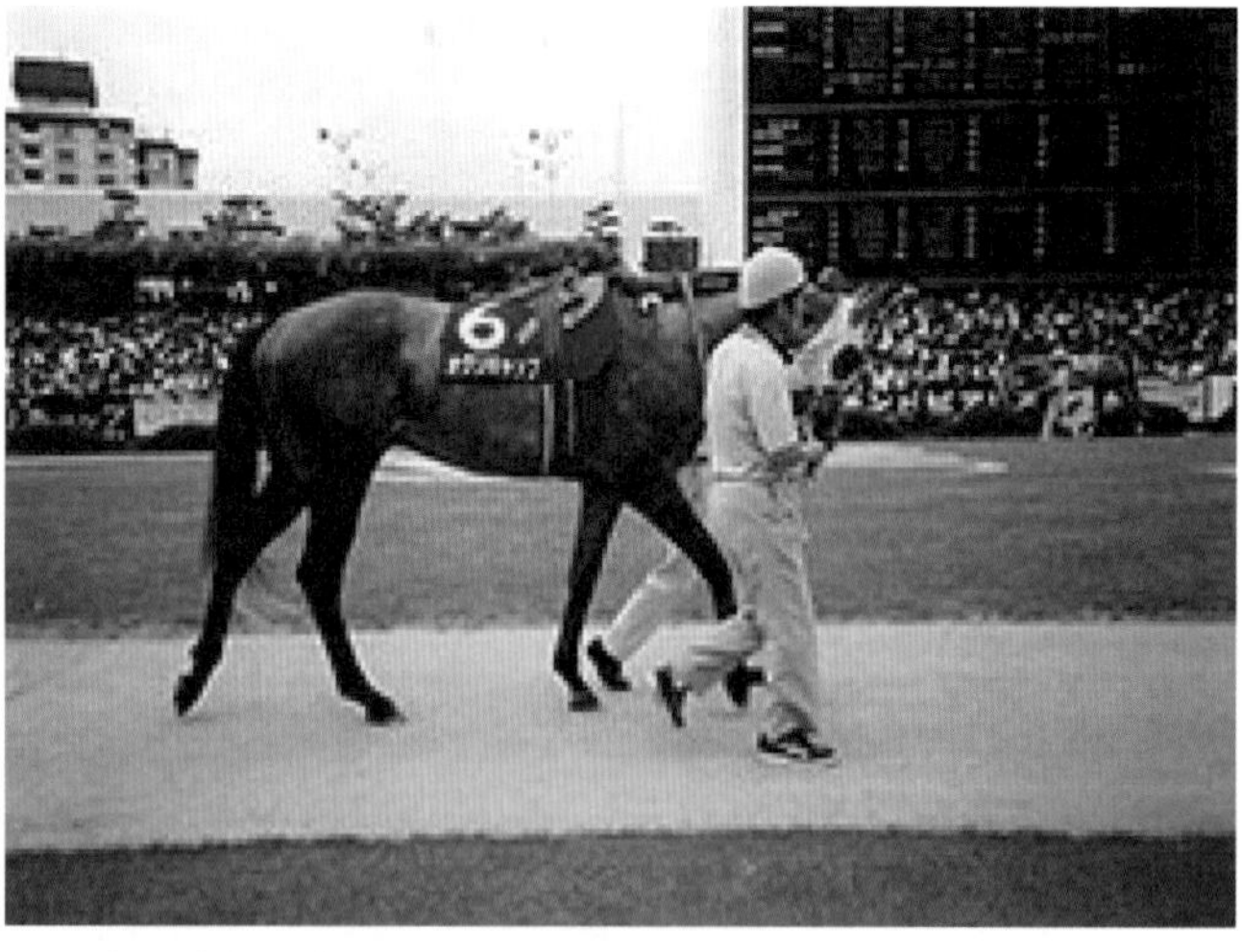

1990年の宝塚記念でパドックを周回するオグリキャップ。
1番人気だったが、2着に敗れた（阪神競馬場）

寄られ、2着を確保するのがやっとだった。脚部不安もあってか、闘争本能むき出しで追い込むいつもの姿は見られなかった。

90年といえば、アイネスフウジンが勝った日本ダービー（東京競馬場）に史上最多の19万6517人が殺到した競馬ブームの絶頂期。宝塚記念では「キャップのレースを生で見るんだから、ここは大勝負」と、単勝とイナリワンへの連複を厚めに買っていたが、残念な結果に終わった。阪神競馬場が全面改装されるということで、最終レース終了後には、馬場がファンに開放された。放心状態の中、「ああ、ここが勝負に挑んだ人馬と、祈る気持ちで観戦したファンの運命を分けたゴール板かあ」などと感傷に浸りながら、スタンド前のターフをとぼとぼと歩いたことを記憶している。

マリアライトもチャンス十分

2016年の宝塚記念は、春の天皇賞馬でファン投票1位のキタサンブラック、皐月賞・ダービー馬のドゥラメンテ、15年の覇者ラブリーデイが上位人気だが、3年連続で牝馬が3着に食い込んでいる波乱含みのレース。「夏は牝馬から」というから、エリザベス女王杯を勝ち、有馬記念でも4着と健闘したマリアライトに注目。15年の宝塚記念では人気薄の牝馬デニムアンドルビーとショウナンパンドラが2着、3着に絡んで3連単52万円と荒れており、マリアライトもチャンス十分。もう1頭の牝馬タッチングスピーチが突っ込んできたら、大万馬券になりそうだ。

アンカツさんを追うようにして

大穴候補のもう一頭は、かつて笠松所属だった柴山雄一騎手が騎乗するフェイムゲーム。柴山騎手は98年に笠松でデビューした後、2005年に独力でJRAへ移籍した。GIレースではこれまで勝利がなく、アルビアーノ、クロフネサンライズで2着がある。ロックドゥカンプで1番人気だった08年の菊花賞は大きなチャンスだったが、アサクサキングスに敗れて3着だった。大阪府出身の38歳で、美浦所属。移籍後も笠松に来場したことがあり、トークショーなどでファンを楽しませていた。

笠松時代の柴山騎手は、04年にリーディング4位になるなど通算393勝を挙げた。アンカツさんを追うようにして移籍したＪＲＡでも1年目から80勝を挙げて「年間ホープ賞」を受賞するなど活躍。宝塚記念は初めてだが、出走するからには悲願のＧⅠ制覇のチャンスはあるはず。ハーツクライ産駒のフェイムゲームは、15年の春の天皇賞でゴールドシップに迫る2着に入った実績馬で、内枠からの抜け出しを狙う。

先行して安定感を発揮するキタサンブラックと、破壊力抜群のドゥラメンテの2頭は3着は外さないとみて、3連単2頭軸マルチの総流しで穴馬の食い込みを期待したい。ファンの熱い思いが詰まったドリームレース。皆さんの願いが届くといいですね。

（2016・6・24）

☆宝塚記念・レース結果　①マリアライト②ドゥラメンテ③キタサンブラック

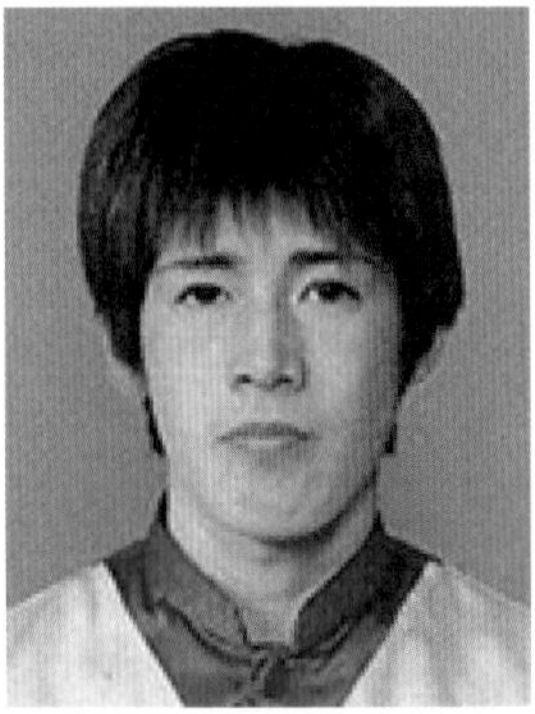

笠松デビュー当時の柴山雄一騎手。通算393勝を挙げ、ＪＲＡに移籍した

7月3日はオグリキャップの命日

オグリキャップが天国に旅立ったのは、2010年7月3日。突然の悲報に、翌日の各スポーツ紙は1面で「オグリ死す」と大きく伝え、岐阜新聞も1面の準トップ、社会面とスポーツ面のトップでその死を悼んだ。スポーツ面に出稿したサイド記事を再録し、色あせることがないキャップの永遠の輝きを見つめ直したい。

笠松競馬が生んだ名馬オグリキャップが3日亡くなり、その勇姿はもう見られない。ラストランとなった有馬記念では、限界説を吹き飛ばす優勝を飾り、武豊騎手を背に場内を1周。中山競馬場に詰め掛けたファンらから送られた歓喜の「オグリコール」は、永遠の響きとして伝説ともなっている。

笠松育ち。馬主・小栗孝一氏、調教師の鷲見昌勇氏の名コンビ。小栗氏の持ち馬にはすべて「オグリ」の冠名が付き、地元・笠松では「キャップ」とも呼ばれた。デビューは1987年5月、3歳新馬戦で2着だったが、地元で12戦10勝。東海地区では無敵だった。

笠松で育ち、中央競馬移籍後の活躍も圧巻。芦毛の怪物とも呼ばれ、いきなり重賞6連勝。地方出身の「野武士」が中央のエリート馬を次々となぎ倒す姿は痛快そのもの。70年代、同じく地方出身のハイセイコーが巻き起こした競馬ブームを超えた。オグリの縫いぐるみを抱えた女性ファンが競馬場に押し掛け、熱い声援を送り、社会現象ともなった。

同じ芦毛馬とは縁が深く、ライバルが多かった。笠松時代のマーチトウショウ（オグリに2度勝利）。中央入り後のタマモクロス（天皇賞・秋、ジャパンカップでオグリに先着）。「昭和最後の名勝負」と称された88年・有馬記念では、オグリが先輩・タマモクロスを破って見事に世代交代を果たした。

平成に入っての5歳時・秋は、4カ月間に6レースに出走するハードな戦い。GⅡレースながらハナ差で制した毎日王冠は壮絶だった。ここからGⅠ4レース。同じくハナ差優勝のマイルチャンピオンシップからは連闘でジャパンカップへ。ニュージーランドの、これまた芦毛馬・ホーリックスを猛追したが2着。過酷なローテーションで戦う姿は、当時・バブル時代に活躍した「企業戦士」にも例えられ、その悲壮感とともに頑張る姿は大きな共感を呼んだ。

オグリ最大の魅力、それはレースを見る人に感動を与えたことにあった。馬でありながら、精神的にどこか人間に近い存在。その頑張って走る姿は、頭の位置が低く、ほかの馬より明らかに「低姿勢」。4歳時には、ゲートインで大きく体を揺すって「さあ走るぞ」と言わんばかりに武者震い。レースでは「オグリはゴール板の位置を知っていた」と言われたほどだった。安藤勝己、南井克巳、武豊ら名騎手の騎乗で、最後の直線でのゴーサインに鮮やかに応え、きっちり差し切りゴールインした。

引退後、91年1月の笠松競馬場での引退式では、場内に入り切れないファンが木曽川堤防沿いにも押し寄せ、安藤騎手を背にコースを周回。岐阜県を全国にアピールした功績がたたえられ、県スポーツ栄誉賞にも輝いた。

オグリキャップ逝く

有馬記念で劇的V

ラストラン、忘れぬ勇姿

笠松競馬が生んだ名馬オグリキャップが3日亡くなり、その勇姿はもう見られない。ラストランとなった有馬記念では、限界説を吹き飛ばす優勝を飾り、武豊騎手を背に場内を1周。中山競馬場に詰め掛けたファンらから送られた歓喜の「オグリコール」は、永遠の響きとして伝説ともなっている。

笠松育ち。馬主・小栗孝一氏、調教師の鷲見昌勇（まさお）氏の名コンビ。小栗氏の持ち馬にはすべて「オグリ」の冠名が付き、地元・笠松では「キャップ」とも呼ばれた。デビューは1987年5月、3歳新馬戦で2着だったが、地元で12戦10勝。東海地区では無敵だった。

笠松で育ち、中央競馬移籍後の活躍も圧巻。芦毛（あしげ）の怪物とも呼ばれ、いきなり重賞6連勝。地方出身の「野武士」が中央のエリート馬を次々となぎ倒す姿は痛快そのもの。70年代、同じく地方出身のハイセイコーが巻き起こした競馬ブームを超えた。オグリの縫いぐるみを抱えた女性ファンが競馬場に押し掛け、熱い声援を送り、社会現象ともなった。

同じ芦毛馬とは縁が深く、ライバルが多かった。笠松時代のマーチトウショウ（オグリに2度勝利）。中央入り後のタマモクロス（天皇賞・秋、ジャパンカップでオグリに先着）。「昭和最後の名勝負」と称された88年・

▽オグリキャップの中央競馬全成績

1988年ペガサスＳ	GⅢ	2	1	河内　洋
毎　日　杯	GⅢ	1	1	河内　洋
京都４歳特	GⅢ	1	1	南井克巳
４　歳　Ｓ	GⅡ	1	1	河内　洋
高松宮杯	GⅡ	1	1	河内　洋
毎日王冠	GⅡ	1	1	河内　洋
天皇賞・秋	GⅠ	1	2	河内　洋
ジャパンカ	GⅠ	3	3	河内　洋
有馬記念	GⅠ	2	1	岡部幸雄
89年オールカマ	GⅢ	1	1	南井克巳
毎日王冠	GⅡ	1	1	南井克巳
天皇賞・秋	GⅠ	1	2	南井克巳
マイルＣＳ	GⅠ	1	1	南井克巳
ジャパンカ	GⅠ	2	2	南井克巳
有馬記念	GⅠ	1	5	南井克巳
90年安田記念	GⅠ	1	1	武　豊
宝塚記念	GⅠ	1	2	岡潤一郎
天皇賞・秋	GⅠ	1	6	増沢末夫
ジャパンカ	GⅠ	4	11	増沢末夫
有馬記念	GⅠ	4	1	武　豊

〔注〕年、レース名、格付け、人気、着順、騎手名の順、ペガサスＳはペガサスステークス、京都４歳特は毎日放送賞京都４歳特別、４歳Ｓはニュージーランドトロフィー４歳ステークス、ジャパンカはジャパンカップ、オールカマは産経賞オールカマー、マイルＣＳはマイルチャンピオンシップ

引退レースとなった1990年の有馬記念を制し、笠松競馬へがい旋したオグリキャップ。盟友の安藤勝己騎手の騎乗で笠松のダートをさっそうと駆け抜けた＝1991年1月、笠松競馬場

引退後、14年ぶりに一時里帰りしたオグリキャップ。セレモニーにはスタンドいっぱいにファンが詰め掛け、走路に勇姿を見せると大きな歓声が上がった＝2005年４月、笠松競馬場

天国に旅立ったオグリキャップ。笠松から中央へと駆け抜け、ラストランとなった有馬記念で劇的Ｖを飾った競走生活を振り返った記事、2010 年７月４日付岐阜新聞

２００５年４月のレース「オグリキャップ記念」では、経営難による存続問題で大揺れした笠松競馬場を救おうと、北海道から来場。その健在ぶりをファンに披露し、競馬場存続に大きく貢献した。

競馬場内のオグリキャップ像は「笠松競馬は永遠なり」をアピールするシンボルである。大きな感動を与えてくれたオグリの疾走は、有馬記念や引退式でのオグリコールとともにファンの心に語り継がれていく。オグリキャップよ、ありがとう。

（２０１６・６・30）

オグリキャップ七回忌法要

夢の続きは孫たちに託して

オグリキャップの七回忌法要が7月3日、北海道新冠町の優駿メモリアルパークで営まれた。笠松時代の初代馬主だった小栗孝一さんの家族、生産者の稲葉牧場（北海道新ひだか町）や種牡馬《しゅぼば》生活を送った優駿スタリオンステーションの関係者、全国のファンら約100人が参列。笠松から中央へと力強く駆け抜けたキャップの「魂の走り」をしのんだ。

雨上がりの初夏の日差しの下、オグリキャップ馬像はまばゆく輝き、馬碑の前や献花台には「いとしのアイドルホース」「感謝をこめて」などとメッセージ付きの供花で埋め尽くされた。小栗さんの友人・舘徹さんからは、オグリキャップの日本酒3升瓶（特注）が供えられ、オグリキャップサイダーが参列者に配られた。

オグリキャップの馬碑や献花台は、ファンの供花で埋め尽くされた

馬頭観世音前の祭壇では、読経が流れる中、小栗さんの妻・秀子さんや長女の江島勝代さんをはじめ、稲葉牧場の稲葉千恵さん親子ら参列者が次々と、キャップの功績をしのんで静かに手を合わせた。

参列者を代表して須崎孝治㈱優駿代表取締役が「遠方からの小栗秀子さんらご家族、生産者の稲葉牧場、多数のファンの皆さまから、多くのお花や供え物をいただきましてありがとうございます。オグリキャップも草葉の陰から、大変喜んでいるでしょう。昨年生誕30周年を迎えましたが、忘れられない永遠のスターとして皆さまの心の中に残っていることでしょう。七回忌法要が無事に終えられ、感謝申し上げます」とあいさつした。

こんなに愛される馬はいない

小栗さんの家族からは、秀子さんが「皆さんにお参りしていただいて、感無量です」と、江島さんは「皆さんにも、キャップにも『ありがとう』の感謝の気持ちしかないです」とメッセージを寄せた。

オグリキャップ最後の産駒ミンナノアイドルが、新冠町の佐藤牧場で繁殖に励んでおり、ストリートキャップ生産者の佐藤信広さんは「強い馬はいっぱいいるが、（キャップのように）こんなに愛される馬はいない。ミンナノアイドルも新たに受胎しており、オグリキャップの孫を育てて、その血を受け継いでいきたい」と夢を語っていた。

日高で生まれ育ち、笠松でデビューして急成長。中央での大活躍で「ファンの記憶に残る最高の名馬」として輝き続ける芦毛の怪物。オグリキャップ馬像建立には、全国から延べ１２７６人の寄付があったという。２０１０年の暮れ、有馬記念が開催された中山競馬場で１口寄付したことを思い出したが、新冠できらめくオグリキャップ馬像の雄姿には、今もファンの熱い思いがぎっしりと詰まっている。キャップやローマンの孫たちへとつながるオグリ一族の夢の続きは、稲葉牧場や佐藤牧場など馬産地の生産者の手に託された。（２０１６・７・９）

光り輝くオグリキャップ馬像前。稲葉牧場や小栗さんの家族らが参列した

しめやかに行われた七回忌法要。祭壇で手を合わせる参列者

キャップと小栗孝一さんの写真を囲んで、笠松でデビューした名馬の活躍をたたえる家族ら

キャップやローマンの生まれ故郷、稲葉牧場

「オグリの血統から、もう一度GI馬を出したい。グレードレースを取れる馬をつくりたい。主人の遺志でもあったので」と夢を語るのは、稲葉牧場（北海道新ひだか町）の稲葉千恵さん。笠松から中央入りしてGI馬になったオグリキャップとオグリローマンの生まれ故郷として、ファンの人気も高い牧場。2015年9月、生産者だった裕治さんが60歳で亡くなったため、妻の千恵さんが牧場を受け継ぎ、長女らとともにオグリ一族の血を守り、再び活躍馬を送り出そうと新たな挑戦を始めている。

千恵さんは兵庫県出身で、稲葉牧場に嫁いできた。馬が好きで、中央で激走していたキャップのファンだったことから、1989年9月、キャップの母ホワイトナルビーを見学するため稲葉牧場を訪れたという。牧場を手伝っていくのに「力があるように見られたのかも」と謙遜する千恵さんだが、裕治さんの求婚を受けて、その年の12月末には結婚。一緒にキャップのレースを観戦したり、オグリローマンを笠松へ送り出したりもした。裕治さんが亡くなってからは生産者となって、長女の愛夏さんと2人で、放牧地が約10ヘクタールある広々とした牧場と、愛馬たちを守り続けている。

14勝を挙げたクィーンロマンス

稲葉牧場にいる繁殖牝馬は9頭で、そのうちオグリローマンの子が1頭、孫は2頭。笠松の元オープン馬で、地方と中央で計14勝を挙げたクィーンロマンス（15歳、母オグリロマンス）には当歳馬（父ア

ルデバラン）と1歳馬（父タイキシャトル）の2頭がいる。シュンプウサイライ（8歳、母オグリローマン）には当歳馬（父ゼンノロブロイ）1頭、サンマルミッシェル（10歳、母オグリロマンス）にも当歳馬（父アグネスデジタル）1頭がいる。父は中央のGI馬が多く、子どもたちの将来の活躍が期待される。夏場は夜間放牧も行われており、おいしそうに牧草を食べながら、親子で元気に駆け回っている。

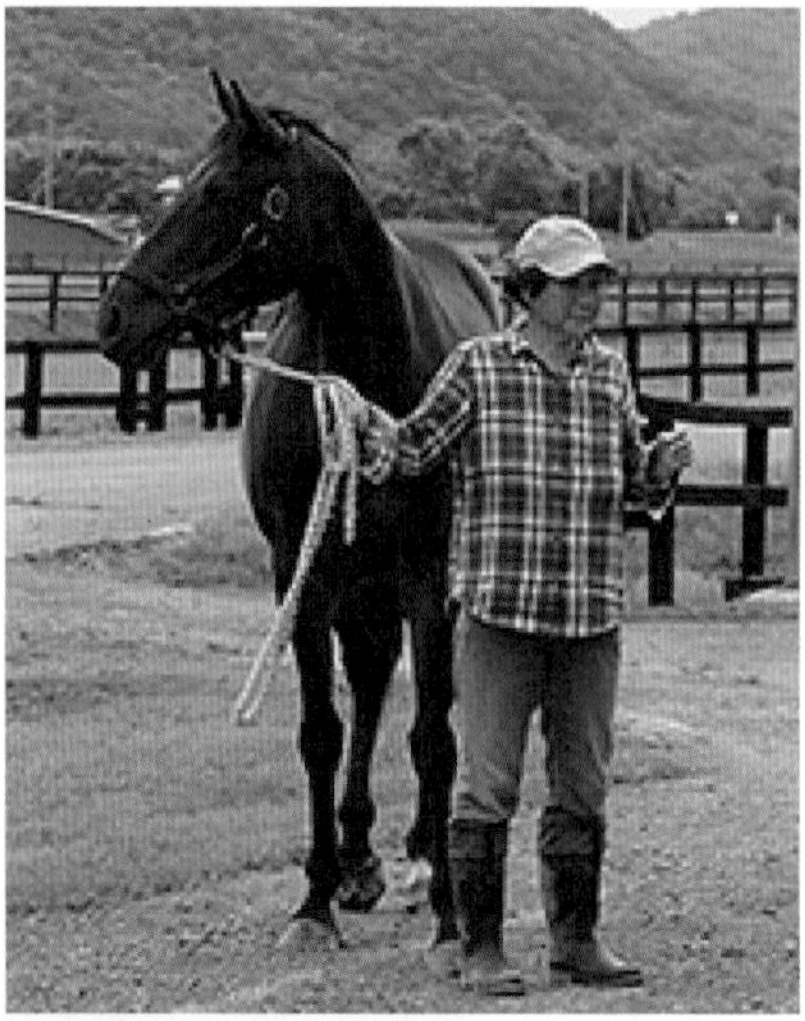

稲葉牧場を受け継ぎ、「もう一度GI馬を出したい」と語る千恵さん

オグリローマンの孫で、笠松でも活躍したクィーンロマンスの親子。千恵さん（右）と長女の愛夏さんが愛情を注いでいる

　キャップとローマンというGI馬2頭を産んだ「偉大なる母」ホワイトナルビーの血を脈々と受け継いでいる稲葉牧場。中央での活躍馬を数多く育ててきたが、「オリンピックに行ける子ばかりではない。自分の花が開ける場所として、地方競馬もある」と千恵さん。「馬はかわいいが、おっかない面もある。お互い、けがをしないように気を張ってやっている」とも。

　中央の重賞戦線で活躍できる馬を育てることについては「これも巡り合わせなんで、そういう馬と出会えるように、条件を整えていきたい」と前を向き、計10頭いる子馬たちがそれぞれの活躍の場で大きく羽ばたくことを願って、育成に愛情を注いでいる。

（2016・7・16）

稲葉牧場支える母と娘

オグリキャップが生まれ育った稲葉牧場（北海道新ひだか町）。夫の遺志を継ぐ千恵さんと長女の愛夏さんの母娘だけで、20頭近くの愛馬たちを支えている。2人は、キャップやローマンのようにGIの舞台で活躍できる馬を再び育てるため、牧場の未来に熱い思いを抱いている。

牧場を続けることについて千恵さんは「主人は、やれとも、やるなとも言わなかった。でも内心、気持ちは分かっていたので」と、裕治さんが亡くなった後も、国民的アイドルホースの生まれ故郷の継承を決意した。

母親の仕事を助ける愛夏さんは25歳。江別市の酪農学園大を卒業後、日高振興局でアルバイトもしていたが、牧場の仕事を手伝うようになって3年目。千恵さんの目からは「娘は馬の血統なども熱心に勉強して一生懸命だなあと思う。（馬の育成を）自分

桜花賞を制したGI馬オグリローマンの子である
愛馬シュンプウサイライの世話をする愛夏さん

の生きる道として選択し、父親も喜んでいることでしょう」と温かく見守っている。

女性2人だけでの牧場経営に「心細さもあるのでは」と感じたが、心配無用だった。千恵さんは「女の方が気が付くこともある。例えば、お母さん馬の扱いでは、子馬に乳をやっている時には、喉が渇いて水が飲みたい気持ちがよく分かる。馬に対する当たりだったり、気配りを生かしていけるといい。周りの多くの人たちの親切さに支えられ、いつも感謝しています」と、馬づくりに情熱を注いでいる。

オグリキャップの七回忌法要に参列した
稲葉さん親子

オグリローマンの孫であるサンマルミッシェルの親子

今後の牧場経営については「いずれは夫婦で牧場をやっていってくれれば……。娘の花婿募集中といった感じかな」と親心もチラリ。馬産地の新ひだか町では、花嫁不足もあって、JA三石軽種馬青年部が、都会などの女性を対象に「オグリキャップの故郷レディースツアー」を毎年9月に開催してきた。キャップが亡くなり、2015年からはロードカナロアを冠にしたツアーになっているが、「これまでに4、5組がまとまったはず。これからはメンズツアーもあるといいですね」と、ほほ笑む千恵さん。牧場に興味のある男性にも、キャップの生まれ故郷へぜひ一度、足を運んでもらいたいものだ。

子馬たちがかわいくて

愛くるしい子馬たちの世話をする愛夏さんは、「馬と共に育ったから、馬に携わることがやりたくて、自然の流れで家の仕事を継ぐことになった。父が亡くなる前から手伝っていて、今はハードな仕事にも慣れてきた。妹も時々は手伝ってくれますし」と、子馬たちがかわいくて仕方がない様子。

笠松のオープン馬だったクィーンロマンスの子が5月に生まれ、「牝馬で元気いっぱい。少しやんちゃな方かな。活躍してほしいです」と愛らしい姿に目を輝かせる。タイキシャトルを父に持つ1歳牝馬は、8月のサマーセールに上場予定だ。今の時代、ディープインパクトの「ノーザンファーム」に代表されるように、大規模な生産牧場がGI馬を輩出する傾向にはあるが、家族だけで育成する小さな牧場からも、時にはキャップのような「怪物」が誕生するから競馬は面白い。

古くは笠松競馬で活躍したダイタクチカラやホワイトナルビーの時代から、稲葉牧場は笠松との関わりが大変深い。その「北の大地」では、オグリローマンの子シュンプウサイライ、孫のクィーンロマンスとサンマルミッシェルらを繁殖牝馬として管理。その子どもたちの成長も愛情たっぷりにサポートし、オグリの血脈をしっかりと守り育てている。生産者の裕治さんと、馬主の小栗孝一さんは15年秋に亡くなられたが、華麗なるオグリ一族の血のロマンは、これからもファンの心を熱くすることだろう。

（2016・7・25）

ラブミーチャン元気です

「ミーチャン、久しぶり」と声を掛けると、相変わらず、栗毛の馬体はピカピカに光っていた。「笠松の快速娘」としてファンを魅了し、2013年に引退したラブミーチャンが、北海道新ひだか町の谷岡牧場で元気に繁殖馬生活を送っている。15年春から順調に第1子、第2子を出産して子育てに励んでおり、この5月には第3子の受胎も確認された。9歳になったが、繁殖馬としても成績優秀である。

ラブミーチャンは、笠松時代には柳江仁調教師の管理で2歳から6歳までの4年余りを過ごした。全日本2歳優駿（JpnI・川崎）を浜口楠彦騎手の好騎乗で優勝するなどダートグレード競走で5勝を挙げ、地方競馬のスプリント女王として君臨。NAR（地方競馬全国協会）の年度代表馬に2度輝いた。

母親になったラブミーチャンと、3月に誕生し、すくすくと育つ次男（ラブミージュニア）

笠松競馬の経営が厳しい時代にも「看板娘」として、北海道から九州まで全国の競馬場を駆け抜けて地方競馬を盛り上げ、笠松所属馬の強さをファンにアピールした。

「生ミーチャン」との再会

谷岡牧場では、競走馬としての過酷な厩舎生活から解放され、ストレスもたまらない悠々自適の繁殖馬生活を続けている。「生ミーチャン」との再会は、

馬体がピカピカのラブミーチャンは、第３子の受胎も確認された

JBCスプリント（金沢）直前の追い切りで右前脚を骨折し、引退が決まった時以来だったが、お母さん馬としての優しさが馬体にも表情にもにじみ出ていた。第3子の受胎でおなか回りはふっくらと丸みを帯びており、当歳馬にぴったりと寄り添い、親子で牧草をおいしそうに食べる姿が愛らしい。夏場は夜間放牧も行われており、午前8時ごろから昼すぎまでは、厩舎に戻ってひと休みするなど、毎日をゆったりと過ごしている。

第1子、第2子はいずれも牡馬で、父はゴールドアリュール。15年3月に生まれた長男の馬名は「ラブミーボーイ」で、17年夏以降の中央出走を目指して、基礎体力づくりに励んでいる。性格はおとなしい方だが、お母さん譲りの人懐こさで、すぐに寄ってくると柵をかじったりして、やんちゃな一面も見せていた。3月に誕生した次男（ラブミージュニア）も順調に成長しており、筋肉がムキムキのスプリンタータイプ。放牧中はミーチャンのそばから離

れず、いつも一緒に過ごしている。中央入りを目指して、秋には育成牧場に移る予定という。

代表の谷岡康成さんによると、ラブミーチャンの馬主でDr.コパの名で知られる小林祥晃さんも2、3カ月に一度はミーチャン親子に会いに来るという。オーナーとして競馬界で成功に導いてくれた馬でもあり、谷岡さんは「そりゃ、愛着があるでしょう。競走生活が長く、目の前で（大きなレースで）優勝する姿を見ているからね。子どもたちもお母さんのように走る気が出てくればいいが。（ゴールドアリュール産駒でもあり）2頭ともダートの短距離向きかな」と期待を寄せている。

4月の種付けでは、コパさんの持ち馬で高松宮記念を制したGⅠ馬コパノリチャード（6歳）の子の受胎も確認され、第3子として出産予定。父親も先行力に優れていただけに、芝のレースでも活躍が期待できそうだ。ミーチャンの子どもたちがたくましく育ち、中央でも地方でもいいから無事にデビュー戦を迎えて、ファンの前で母親譲りのスピードと雄姿を見せてくれる日が待ち遠しい。

（2016・7・30）

ラブミーチャンの長男ラブミーボーイ

ラブミーチャン、子育て奮闘

ラブミーチャンが繁殖馬生活を送り、子育てに奮闘している谷岡牧場（北海道新ひだか町）。愛情たっぷりに世話をしている牧場スタッフは、ミーチャン親子のことをどう見ているのか。牧場での暮らしぶりや母親らしさが垣間見えるエピソードなども語ってくれた。

谷岡牧場は、有馬記念や春の天皇賞を制覇したサクラローレルをはじめ、ダービー馬のサクラチヨノオーなど数々のGI馬を育ててきた「サクラ軍団」の名門。ラブミーチャンも3歳時の北海道遠征で世話になっていた。代表の谷岡康成さんのほか、スタッフは4人で、繁殖馬20頭と子ども14頭ほどを管理している。

ラブミーチャンと3月に生まれた次男（ラブミージュニア）は親子そっくり

放牧地に入って一緒に駆ける親子

「競走馬としてのミーチャンは、ムキムキのスプリンターで、中身が詰まっている感じだった。長男のラブミーボーイと次男は、そんなに体は大きくないが、パワーがあって馬力が強いタイプ」とスタッフの1人。「次男は筋肉がすごい付き方をしていて、やはりムキムキ。いたずら好きで人にかまってほしいのか、手袋をくわえて遊ぼうとする。やんちゃですね」とも。兄弟の父はともにGI馬ゴールドアリュールで、「堅実に走って大物も出す血統。馬主に損をさせない種馬のナンバーワンかな。2頭とも短距離のレースでいいところへ」と期待を寄せる。

初めての育児にかなり苦労

とても子煩悩なミーチャンだが、ラブミーボーイが生まれた時には、初めての育児にかなり苦労したようだ。わが子を守ろうとして、人に対しても当たりがきつくなったという。放牧中、普段は子どもが離れると、鳴いて呼んだり、迎えにいったりして愛情を注いでいるが、ある時、パニックになった。同じ栗毛の親子と仲良くなった時のことで、ミーチャ

馬房内でのラブミーチャン

名古屋「かきつばた記念」では、浜口楠彦騎手の手綱で３着に食い込んだラブミーチャン

ンは栗毛の別の子を、わが子と思い込んで追い掛けてしまったという。

牧場での暮らしぶりについては、「ミーチャンは笠松の厩務員（森崎隆さん）がちゃんと世話してくれていたから、気性面さえ気を付けていれば、手が掛からない。頭がいい馬で、人を信頼していて無駄な動きはしない。スタッフに甘えて頼り、何をしてほしいかをアピールしてくる」。でも、ひょうきんな一面も見せ、女性スタッフによると、「馬房内の清掃などで背中を向けて隙を見せると、人の体をかじるふりをして驚かせてきたりもする」という。馬と人との良い関係なのかもしれない。

今はお母さん馬として食欲旺盛で、放牧中は若駒を見守りつつも、ひたすら青草を食べる姿が見られた。コパノリチャードの子を受胎して、おなかが大きくなったミーチャン。今度は長女がいいかな。無事出産を楽しみにしたい。（２０１６・８・９）

笠松でも走れ、ミーチャンの子

現役時代のラブミーチャンは、地方・中央交流のダートグレードを中心に全国を駆け抜けたアイドルホースだった。ファンへのサービス精神も旺盛で、レース当日には、ほほ笑ましい姿も随所に見せてくれた。２０１２年5月に観戦した名古屋「かきつばた記念」のパドックでは、「ミーチャン、頼んだぞ」といった声援に応えて、ファンの方向を「ちら見」する姿が印象的だった。愛きょうがあり、女王のオーラを放っていた。

関東でのレースのゲートインでは、隣の枠に牡馬の「王子様」が入ると、妙にキョロキョロして出遅れたこともあった。ミーチャンのオフィシャルブログ上の設定で「初恋相手」とされたスーニ様とは、レースでも盛り上がった。東京盃では、２頭で抜け出してゴールを目指したワンツーフィニッシュもあった。1着スーニ、２着ラブミーチャン、３着はアンカツさん騎乗のマルカベンチャーと、笠松ファンにはたまらないレースとなった。スーニは引退後、種牡馬入りせずに乗馬となったため、種付けは実現せず、ミーチャンの恋は成就しなかったが……。

将来のＧＩ馬を目指して、お母さんの背中を追う次男

レースでのドキドキ感はもちろん、いつもファンを楽しませてくれたミーチャン。ダートのスーパースプリントでも3連覇を飾るなど、短距離の最速女

王として大活躍したが、その子どもたちはどんな競走馬に育っていくのだろうか。

長男のラブミーボーイと次男は、ダートのスプリンターとして中央入りを目指しているが、新馬戦からスタートし、オープン入りを果たす競走馬は一握りである。未勝利戦で2桁着順が続けば、馬主も中央での出走に見切りをつけることだろう。「中央で走らなきゃ、地方へ」といった流れがあり、地方競馬が中央馬の受け皿にもなっている。厳しい競争社会である競馬界を生き抜くサラブレッドたちの宿命でもある。

「ミーチャンでGIも取ったから」

ミーチャン引退後、苦楽を共にした柳江仁調教師と浜口楠彦騎手は亡くなられたが、2人には笠松競馬をけん引して、もっと活躍していただきたかった。ミーチャンは当初、コパノハニーの登録名で中央デビューを目指したが、腰が甘かったため、「方角が良かった」とされる笠松に移籍して再スタート。中央馬と好勝負できるまでに育て上げ、手腕を発揮したのが柳江調教師。その子どもたちの育成も楽しみにして、「ミーチャンの連続ドラマがまた始まる」と夢を広げておられたが……。追って味のある腕っぷしの強さと「ハマちゃんスマイル」でファンが多かった浜口騎手のキャラクターは、笠松競馬を大いに盛り上げてくれた。「笠松の看板娘」のラストラ

名馬ラブミーチャンを育てた柳江仁調教師

ンの手綱を取ることはできなかったが、「ミーチャンでGIも取ったから」と喜んでいた笑顔が忘れられない。

地方・中央の交流レースは盛んであり、ミーチャンの子どもたちも、いつか笠松で走る日が来るだろう。受胎したコパノリチャードの子の誕生も楽しみだし、もし牝馬だったら、母親のように笠松でデビューしてほしい。ミーチャンの馬主であるDr．コパさんの持ち馬は、笠松の後藤正義厩舎にコパハマッテルゼ（父はGI馬オレハマッテルゼ）など2頭がいる。地元ファンは、ミーチャンの子が笠松所属馬になる日をもちろん「マッテルゼ」ですよね……。笠松でのオッズパークグランプリでは、ミーチャンに福永祐一騎手が騎乗して制覇したこともあった。コパさんよろしく、笠松競馬をまた盛り上げてください。

中央の桜花賞挑戦など、ミーチャンが果たせなかった史上初の「地方在籍馬による、芝GIレース制覇」への道を切り開いてほしい。笠松から中央への新たなストーリーをファンは楽しみにしている。

（2016・8・19）

※長男ラブミーボーイは地方で7勝（笠松で3勝）、次男ラブミージュニアは大井などで8勝。
※長女はラブミーレディー、中央で1勝し繁殖馬に。

笠松でのオッズパークグランプリを制覇したラブミーチャンと福永祐一騎手（左）ら関係者

キャップの孫誕生へ ミンナノアイドルが受胎

華麗なるオグリ一族の血は絶やさない――。オグリキャップ最後の産駒ミンナノアイドル（牝9歳、芦毛）が、6月に受胎していることが確認された。順調なら、キャップの孫として誕生する予定だ。ミンナノアイドルの子としては、中央で活躍中のストリートキャップ（牡4歳、芦毛）が2012年に誕生して以来で、ファン待望の1頭となりそうだ。

ミンナノアイドルは、北海道新冠町の佐藤牧場で繁殖牝馬として管理されている。現役時代は中央で1戦のみだったが、キャップの血を残していける母馬として、関係者やファンの期待は大きい。しかし、ストリートキャップを出産した後は、4年間も子宝に恵まれていない。15年にはゴールドアリュールの子を受胎し、ストリートキャップの全弟《ぜんてい》が誕生する

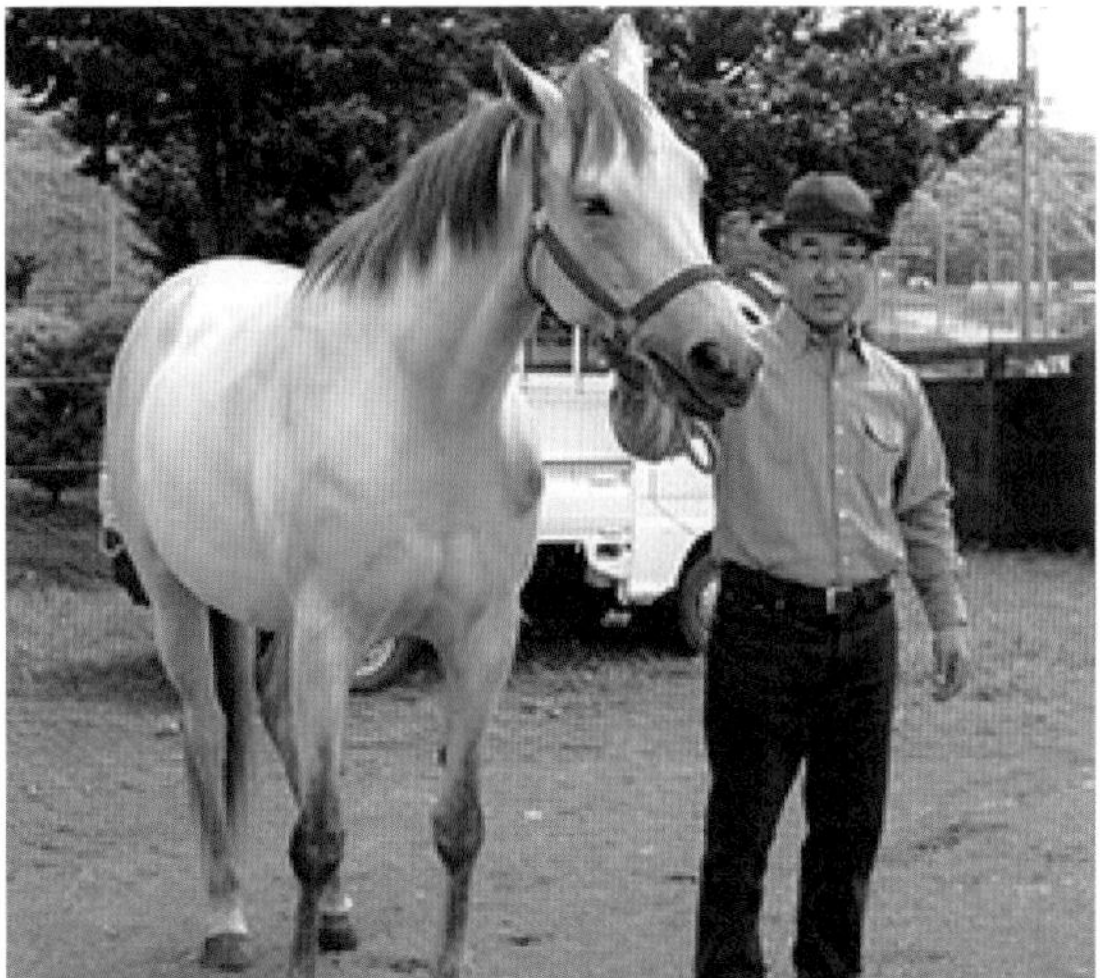

オグリキャップ最後の産駒ミンナノアイドルと、管理する佐藤信広さん

予定だったが、残念ながら死産だった。16年6月7日、再びゴールドアリュールの種付けが行われ、受胎が確認された。出産予定日は17年5月7日だ。

受胎したミンナノアイドル。キャップの孫の誕生が期待されている

生産者の佐藤信広さんは、オグリキャップの大ファンでもあり、「オグリの血をつないでいきたい」と、ミンナノアイドルを引き取り、繁殖に力を注いできた。「キャップの血を受け継ぐストリートキャップは、笠松競馬にとっても大きな財産。ミンナノアイドルが受胎したことで、ぜひとも、キャップの新しい孫を見せてあげたい。牡馬でも牝馬でもいいから」と無事出産を願っている。「ここ4年間繁殖がなくて、採算を考えたら厳しいことですが、生産者の一人として、血を受け継ぐ責任を果たしていきたい」と、最後の産駒ミンナノアイドルの繁殖が生きがいにもなっているようだ。

キャップの血を脈々と

キャップの初代馬主だった小栗孝一さんの長女勝代さんも家族らと佐藤牧場を訪れ、「ファンのためにも、皆さんの力で、キャップの血を脈々と受け継いでいければいい。まさにこのミンナノアイドルに期待したいですね」と、熱い思いをキャップの子に託していた。

長男のストリートキャップは、キャップの孫としてファンが多い馬で、デビュー戦を勝つなど中央では2勝。3歳時には、笠松出身の柴山雄一騎手が騎乗して500万下のレースを快勝している。まだ4歳で、馬名の通り「オグリの道を受け継ぐ者」として活躍が期待されている。佐藤さんは「故障もなく、タフな馬。オグリの血が強く出ていて芝で走る。展開は中団からやや前がいいかな」と、今後の成長を楽しみにしている。

牧場スタッフの愛情に包まれて、キャップの孫の出産を目指しているミンナノアイドル。右前脚をかきながら、訪れたファンに優しいまなざしを向けていた。勝代さんらは「父のキャップに目が似ている。本当に『みんなのアイドル』ですね」と、顔を近づけるなどしてかわいがっていた。日本ダービーで5着、フェブラリーSを制覇した父ゴールドアリユールの良血が開花すれば、スター街道も夢ではない。無事出産して順調に育てば、デビューは3年後となる。（2016・8・27）

小栗孝一さんの家族らに囲まれたミンナノアイドル

調教師転身で騎手不足

「名馬・名手の里」として、かつてのアンカツさんに代表されるように、ジョッキーの腕もレベルが高い笠松競馬だが、この夏、調教師への転身などで、所属騎手が一気に3人も減ってしまった。全国の地方競馬では最も少ない13人となり、地元騎手が不足している。

フルゲートでも10頭で、9~10頭立てが多い笠松競馬。腕自慢の騎手たちによる少数精鋭とはいえ、毎レース同じような顔触れで、減少がこれ以上続けば、白熱した手綱さばきを期待するファンへのサービス低下にもつながるだろう。名古屋競馬の騎手の参戦が増えているが、今後は「菜七子フィーバー」で注目を浴びる女性騎手を含めて、笠松での新人騎手のデビューや移籍騎手（期間限定でも）の受け入れなどを望みたい。

34人の騎手が笠松に

レース賞金が高かった1999年には安藤光彰、安藤勝己、川原正一、浜口楠彦ら34人の騎手が笠松に所属していたが、4割ほどになってしまった。全国的には、笠松と同じように経営が厳しかった高知で21人が在籍。近隣の名古屋と金沢もともに21人と、多くの競馬場で20人以上の騎手が所属している。他地区からの移籍では、競馬場廃止に伴って、2002年に新潟・三条から向山牧騎手、13年には福山から池田敏樹騎手が新天地・笠松へと移り、騎手リーディング上位で活躍している。

笠松の調教師は25人。名馬マルヨフェニックスなどへの好騎乗でエース級の活躍を見せた尾島徹騎手が15年、31歳の若さで調教師に転身した。益田から高知を経て笠松に移籍してきたベテラン花本正三騎手と、穴馬で万馬券をよく提供してくれた湯前良人騎手はともに調教師試験に合格し、騎手人生に終止符を打った。２年前にデビューした藤田玄己騎手は、残念ながら６月に引退した。４人ともまだまだ騎手としての活躍が期待されていただけに、寂しく感じたファンが多かった。

　競馬開催を支える騎手たちの減少傾向は、これまでの経営難による賞金や手当の大幅カットも影響していた。体重増による飲食の制限など、減量との厳しい闘いもあっただろう。尾島調教師は16年、笠松９月開催で50勝に到達しており、調教師リーディング上位の成績で、競走馬育成の手腕を発揮しつつある。花本、湯前両調教師は笠松デビューを果たしたばかりだが、「地元だけでなく、全国で通用するような強い馬

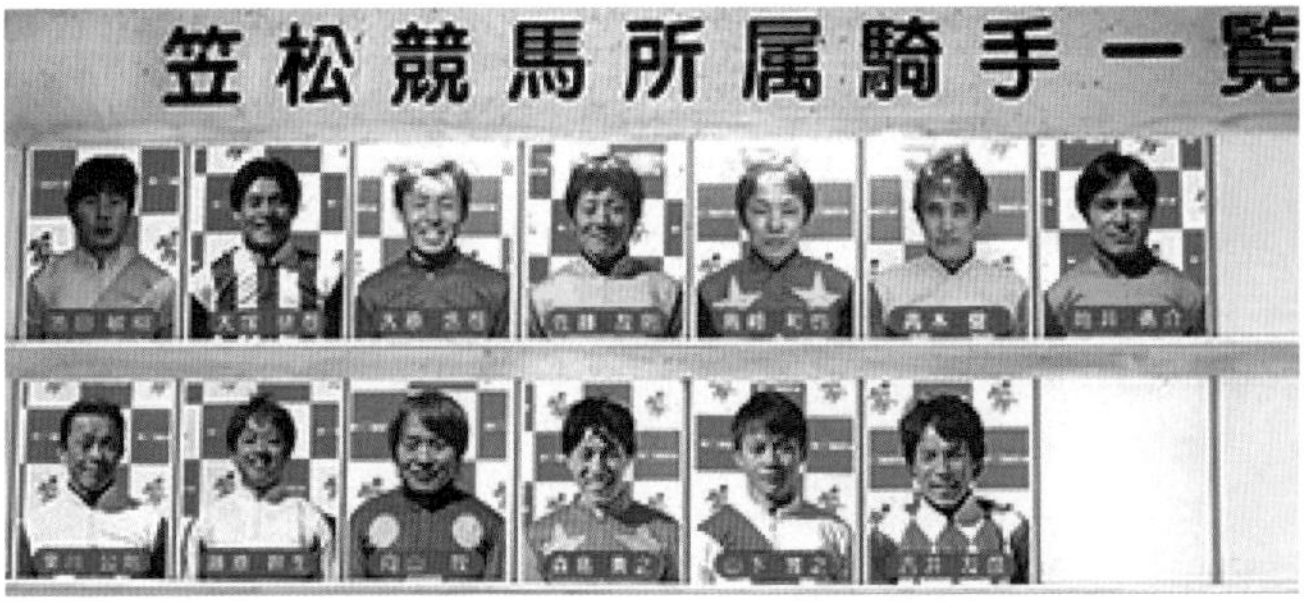

調教師への転身などで 13 人に減った笠松競馬の騎手たち

熱戦を繰り広げる笠松競馬のレース

で頼もしい。

を育てたい」というのが共通した大きな目標のよう

「瞳、頑張れ」と熱い声援

女性騎手といえば、名古屋競馬では、全国の女性騎手最多勝利記録を持つ宮下瞳騎手が、再デビューで勝利を積み重ねている。9月7日には笠松でも五つのレースで意欲的に騎乗し、「瞳、頑張れ」と熱い声援が飛ぶ中、ファンに存在感をアピールした。木之前葵騎手も笠松での騎乗が多く、1日3勝するなど、競馬場との相性も良いようだ。地元ファンは、騎乗技術に優れた2人の参戦を楽しみにしており、どんどん来てほしい。

笠松でも再デビューを果たした
宮下瞳騎手

笠松と名古屋は、東海公営としての広域的なつながりも深い。当面は、笠松の競走馬や騎手不足を補うとともに、フルゲートでのレースを盛り上げるためにも、人馬の相互交流をもっと深めるべきだ。経営改善が進み、賞金や手当もアップしつつあり、地方競馬の騎手を目指している若者には、ぜひ笠松でゲートインしてほしい。ベテラン東川公則騎手の息子さんが、将来の笠松デビューを目指しており、楽しみにしたい。

（2016・9・8）

東川騎手、目標は的場騎手

8月の「くろゆり賞」を制覇し、2500勝ジョッキーの仲間入りを果たした東川公則騎手は、笠松生え抜きで30年目のベテラン。9月6日で47歳になったが、長年「笠松の顔」としての存在感は抜群だ。新人時代から「若いけどよく追える」といった印象

ファンに馬具の説明などをする
東川公則騎手

が強かったが、安定感と円熟味を増した好騎乗で、今年も笠松の騎手リーディング3位と健在ぶりをアピールしている。

ファンを対象にした「笠松競馬バックヤードツアー」では、馬具の説明などを行った東川騎手。千葉や京都など遠方から来場した熱い笠松ファンの質問責めを受け、丁寧に答えていた。主な内容は次の通り。

―騎手になって良かったと思うところは。

「レースで勝った時など、自分にしか味わえない、いい気分がある」

―レースで着用する勝負服は何着持っているか。

「1人5、6着は持っているでしょう。勝負運がつ

いている服は（どうしても勝ちたいビッグレースで）勝つ時だけに着ることがある」

―減量での苦労は。

「普段はお酒は飲まないで、温かい緑茶が多いですね。野菜中心で、米は食べない。それで、体重は増えないです」

―レースで相性が悪い馬とは、どうしているか。

「その時の感覚で、なだめている。馬は気まぐれですから、途中からは開き直って乗っています」

―現役生活については。

「引退は考えていない。的場文男騎手も頑張っていらっしゃるしね。息子（16歳）が、競馬学校（栃木県の地方競馬教養センター）を受験し、笠松でのデビューを目指しています」

現役に意欲を燃やす東川騎手。60歳になった大井の的場騎手は通算6900勝を突破し、「川崎の鉄人」佐々木竹見元騎手が持つ地方競馬最多勝記録「7151勝」超えも視野に入ってきた。南関東の偉大な先輩に、東川騎手も大いに刺激を受けているようだ。

川原正一騎手らと腕を競い合い

東川騎手の「地方競馬2500勝達成セレモニー」では、「特に意識していなかったが、気が付いたら、

2500勝達成セレモニーで祝福を受ける
東川公則騎手

２５００も勝っていました」とにっこり。前日には園田で開催された地方、中央の２０００勝以上の騎手による「ゴールデンジョッキーカップ」にも参戦。的場騎手をはじめ、笠松出身で地方通算５０００勝を達成した57歳・川原正一騎手らと腕を競い合い、年齢を超越したパワーを感じ取ったようだ。

「還暦で乗ってみえる的場さんという大目標がいますので、そのようになれるように、これからも頑張っていきたい」と元気いっぱい。40代の東川騎手にとっては「２５００勝はまだまだ通過点です。もっと技術を磨いて頑張りたい」ということで、あと10年は現役バリバリで笠松を背負ってもらいたい。

（２０１６・９・15）

バックヤードツアーでゲートインを体験する参加者

強かったミツアキタービン

笠松の東川公則騎手といえば、かつてコンビを組んだミツアキタービンとのレースが印象深い。芦毛の馬体で「オグリキャップの再来」とも呼ばれた平成の笠松最強牡馬。2004年、地方・中央の交流重賞であるダイオライト記念、オグリキャップ記念のGⅡレースを連勝した。

東川公則騎手の手綱で、2006年の笠松グランプリを１着でゴールするミツアキタービン

中央GⅠのフェブラリーSは圧巻だった。最後の直線200メートル最内から先頭に並びかけ、優勝したアドマイヤドン（アンカツさん騎乗）とは0・2秒差の4着と大健闘。「あわやGⅠ制覇か」という最高のレース内容で、応援した地元ファンらも一瞬、大きな夢を見ることができた。この時のミツアキタービンは1枠2番で、その後も東川騎手は1枠での好騎乗が目立っており、馬券作戦では要注意だ。

最近では、南関東・川崎の地方馬トラストが、中央の舞台で札幌2歳S（GⅢ）を鮮やかに逃げ切り、中央移籍後は来年の日本ダービー挑戦への夢を広げている。地方と中央の競走馬の実力は、調教施設の違いなどから格差が広がってはいるが、環境を変えて馬の潜在的な能力を引き出そうと、相互交流は盛んになっている。笠松所属馬から、もう一度ミツアキタービンのような強い馬に東川騎手が騎乗し、中央馬を圧倒するシーンを見てみたいものだ。

くろゆり賞に続く圧勝でオープン2連勝、笠松の最強馬の座に就いたのはサルバドールハクイ（6歳・牡）。中央時代には4勝を挙げており、手綱を取る東川騎手との相性も抜群だ。ラブミーチャンと同じく、父はサウスヴィグラスで、秋競馬でのビッグレース制覇を狙う。

中央GⅡレースの出走表に、笠松の馬

オークス馬・シンハライトが勝った阪神・ローズSには、地方代表馬として笠松のヘイハチハピネスが、藤原幹生騎手の騎乗で果敢に挑戦した。秋華賞トライアルでもある中央GⅡレースの出走表に、笠松の馬の名前が掲載されていただけでも心躍るものがあった。レースでは、第3コーナー辺りまで中団に食らいついていたが、最後は力及ばずにしんがり負けだった。結果はともかく、笠松・調教師リーディングのトップを走る笹野博司厩舎の気概が感じられ、今後もこういったチャレンジを続けてほしい。

ローズSでは、かつて笠松のライデンリーダーが3着となり、エリザベス女王杯出走を果たしている。

このところ、笠松では競走馬の乗り役が不足気味だったが、南関東から朗報が届いた。大井の若手で21歳の高橋昭平騎手が、9月26日から約3カ月間、笠松で期間限定騎乗することになった。これまでの成績は、約2年半で12勝。騎手の層が厚い南関東では、騎乗数もそれほど多くなかったようだが、笠松では騎乗機会が増えるだろう。調教段階からバンバン乗って、本番レースでは笠松の騎手との追い比べ

で騎乗技術を磨いてほしい。

大井には、安藤洋一騎手も所属。父はアンミツさん（安藤光彰元騎手）で、叔父にアンカツさん、義兄にＪＲＡの太宰啓介騎手という競馬ファミリーに育った。２年前には門別へ期間限定で参戦したように、機会があったら笠松でも騎乗してもらいたい。

ファンと握手する東川公則騎手。サルバドールハクイとのコンビで、ビッグレースでの活躍が期待される

東川騎手の三男・慎さんは、将来の騎手を目指して４月から後藤正義厩舎で厩務員・助手見習として研修に励んでいる。小さい頃から笠松などのポニーレースに出走していたが、来春からは２年間、栃木県の地方競馬教養センターで本格的に訓練を積んで、騎手免許試験合格を目指す。順調なら、笠松デビューは２年半後か……。父の大きな背中を追うことになるが、同じレースでの親子対決が実現する日もそう遠くはない。話題性もあるし、笠松競馬を盛り上げてくれそうで、ファンにとっては大きな楽しみとなる。

（２０１６・９・23）

菜七子ちゃん、笠松へもぜひ

いつもは馬券にしか興味がない、おじさんたちも走った。この日（9月21日）の名古屋競馬場のパドックや本馬場は「菜七子フィーバー」の熱気が充満し、かつてない華やかな雰囲気に包まれていた。

3月にデビューしたJRAの新人・藤田菜七子騎手（19）が名古屋に初参戦し、1日3勝を挙げる大活躍を見せた。勝利を重ねるごとに、詰め掛けたファンの熱視線はオーバーヒート気味。地元・名古屋で再デビューを果たしたママさん・宮下瞳騎手（39）とアイドル的存在の木之前葵騎手（23）とは、計3レースで直接対決。女性騎手3人による競演で、場内は大いに盛り上がった。

パドックの景色はいつもの平日開催日とは違って、中央のGIレースのような人垣。ジョッキーが一斉に競走馬にまたがって周回を始めると、「菜七子ちゃん、格好いいよ」「葵ちゃん、負けるな」「ママさんも頑張って」などとファンの声援が飛び交った。藤田騎手はちょっと恥ずかしそうに、集中して下向き加減に周回していたが、メインレース前には

名古屋競馬場のパドックを周回する
藤田菜七子騎手

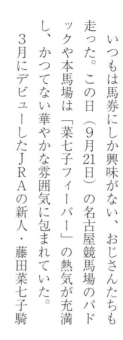

「また勝っちゃうの?」と熱烈な声援が送られ、菜七子スマイルがチラリと……。馬上の女神たちの晴れやかな姿をカメラやスマホで撮影すると、本馬場での返し馬を見ようと、若者やおじさんたちもゴール前へダッシュした。

菜七子コールが響く中

藤田騎手は6、9Rで鮮やかな逃げ切りを決めるなど3勝、3着2回と好騎乗が目立った。最終Rでは第4コーナーで2番手から抜け出すと、スタンドが大きくどよめいた。応援馬券を握り締めたファンは3勝目を確信。菜七子コールが響く中、鮮やかに1着でゴールすると温かい拍手と歓声に包まれた。

1着でゴール後、笑顔を見せる
藤田菜七子騎手

デビューして7カ月の藤田騎手は、中央のレースでは苦戦気味だ。ダービーウイークの5月末に4勝目を挙げて以来、9月末まで4カ月間も勝利から遠ざかっている。1年目から有力馬に騎乗することは少なく、女性騎手には厳しいこの世界。一つの壁にぶち当たっているようだが、地方競馬への参戦は気分転換にもなるだろうし、名古屋で見せた積極策を生かして、中央でも1勝ずつ積み重ねてほしい。9月25日の中山のレースではスタートダッシュを決めて、12番人気の馬を2着に持ってきたように、逃げ馬がよく似合う。

名古屋のレース後には、ウイナーズサークルで女性騎手3人によるトークショーも開かれた。「小回りコースで積極的に前へ行き、うまく勝つことができた。パドックでも『頑張れよ』『おめでとう』と優しい言葉を掛けていただき、うれしかったです」と、菜七子スマイル全開で勝利の味をかみしめ、「女性ジョッキーがもっと増えるといいですね」とも。宮下騎手は「人気がある馬でなくても勝って、きょうは菜七子マジックでしたね」と、木之前騎手は「名古屋が合っているようだし、また来てほしい」と活躍をたたえていた。

いつかきっと笠松に

藤田騎手が参戦した地方競馬場は、南関東の4場、高知、金沢、盛岡、園田（兵庫県）、佐賀、名古屋の計10場となった。残るは笠松、門別、水沢（岩手県）で、「全場騎乗」も見えてきた。かつて笠松には「イツカキット」という、名古屋を含めて210回も走ったタフな馬がいたが、気長に待てば、藤田騎手も、いつかきっと笠松に来てくれることだろう。また、笠松には凱旋門賞2着のナカヤマフェスタ産駒の「ナナコ」という名の2歳牝馬がいて、9月30日のレースでは2着に入っている。藤田騎手が来場して騎乗することになれば「菜七子&ナナコ」で、馬券的にも盛り上がるだろう。参戦に向けた競馬場関係者の努力を期待したい。

藤田騎手の帰り際には「笠松にも来てよー」との掛け声も飛んでいた。笠松競馬場は、名古屋以上に先行馬が有利なコースなので、華麗なる逃げでの勝利のシーンがいっぱい見られるかも。ファンの皆さん、参戦を楽しみに待ちましょう。（2016・10・1）

3勝した藤田菜七子騎手（中央）の活躍をたたえた、宮下瞳騎手（右）と木之前葵騎手

騎手のサインをもらおう

笠松競馬のベテラン向山牧騎手（51）は、地方競馬通算３２１８勝（９月末現在）を挙げて、笠松現役騎手の最多勝記録更新を続けている。新潟・三条時代には９度も騎手リーディングを獲得した名手

3200勝を超す勝利を挙げ、安定感抜群の向山牧騎手

で、競馬場廃止に伴い、２００２年に笠松移籍後も大活躍。16年も77勝を挙げて騎手リーディング３位。アンカツさんがJRA移籍前に飾った３２９９勝の記録には、17年にも手が届きそうだ。向山騎手は、３２００勝達成時には「ここは通過点で、４０００勝を目指します」と前を向いていた。

向山騎手は、笠松でもリーディングに輝くなど連対率の高さはさすがで、存在感は抜群だ。15年には長年の第一線での活躍が認められ、日本プロスポーツ大賞功労賞を受賞している。笠松へ移籍して間もない頃、場内で開かれた騎手3人によるファンへのサイン会で、たまたま向山騎手のサインをいただいたことがあり、今も大切に保管している。その後も親しみを感じて、応援馬券をよく買っている。

騎手のサインは、重賞レースの表彰式後や100勝ごとの達成セレモニーなどで、ウイナーズサークル前に集まったファンたちが書いてもらうことが多い。お目当ての騎手が勝ちそうな時は、色紙をぜひ用意しておきましょう。着ているTシャツや当たり馬券などに書き込んでもらう人もいますが、「お宝」のようでうれしいものでしょう。

「総合レジャーランド」と見立てて

10月8、9日には「第1回笠松競馬秋まつり」が開催される。「競馬場を歩こう」やキャラクターショー、プロレスなど盛りだくさんのイベントが楽しめる。9日（午後1時と同4時から）には所属騎手たちのサイン会もパドックで開かれ、ファンにとっては貴重な機会となる。騎手をより身近に感じられ、その後の応援にも力が入りますから、これからも年に何度か開いてほしい。

笠松競馬秋まつりは、馬たちと触れ合える競馬場をもっと活用し、親子らが一緒に楽しめる「総合レジャーランド」と見立てて、来場者に無料開放する秋の祭典といえよう。他地区の地方競馬場などでも開かれている企画だが、笠松でもようやく初開催となる。これも、馬券販売が好調で3年連続の黒字と

笠松競馬秋まつりでイベントが開かれる競馬場内のパドック

なり、経営的にも余裕が出てきたからだろう。土曜・日曜日の開催で、ＪＲＡの馬券も販売されるので、パパたちはこちらへもどうぞ。家族連れで来場して、思い切り楽しめるイベントとして、来年以降も定着して開催されるよう願いたい。

寺島調教師の飛躍を期待

10月第1週の中央のレースでは、岐阜県民としても喜ばしいことがあった。２日の阪神12Ｒでコクスイセン（武幸四郎騎手）が勝ち、岐阜県北方町出身の寺島良調教師（35、栗東所属）がＪＲＡ初勝利を挙げた。昨年12月に調教師試験に合格し、９月21日に開業したばかりで、７戦目でのスピード勝利となった。寺島調教師は「この馬もそうですが、亡くなられた田中章博調教師から引き継いだ馬とスタッフのおかげです。オーナーやスタッフ、周りで支えてくれる方々に感謝しています。これからもいい成績が残せるように一つ一つ積み上げていきたいです。調教師になることができたことに感謝しています。これからも応援していただけるように頑張ります」（ＪＲＡ発表）と喜びを語った。

寺島調教師は、北海道大学時代には馬術部の主将を務め、競馬の世界には、牧場勤務を経て栗東トレーニングセンター（滋賀県）へ。日本ダービーなどを勝ったキングカメハメハを育てた名門・松田国英厩舎で調教助手を務めていた。実家は地元商店街で老舗の書店を営んでいる。桜花賞などを制覇した３冠牝馬のアパパネを管理した国枝栄調教師（美浦所属）も北方町出身である。郷土の偉大な先輩の背中を追って、寺島調教師の飛躍を期待するとともに、国枝調教師の悲願でもある「ダービー調教師」の座を、東西の厩舎からそれぞれ目指してもらいたい。

（２０１６・10・７）

吉井騎手700勝、佐藤騎手はリーディング快走

吉井友彦騎手の地方競馬通算700勝達成セレモニーが笠松競馬場で行われ、ファンから祝福を受けた。直前のレースでは「吉井君、行けー」の声援も

700勝達成セレモニーで喜びの吉井友彦騎手

飛んで、単勝91・7倍の伏兵馬で6馬身差の圧勝劇を演じ、3連単31万円超の高配当を呼んだ。

2015年は笠松で129勝を挙げて2年連続のリーディングジョッキーに輝いた吉井騎手だが、16年（10月前半まで）は65勝で5位と、満足のいく成績が残せていない。ウイナーズサークルでのセレモニーでは「600勝から700勝までは長かった。ファンの応援があり、関係者にはいい馬に乗せてもらっており、もっと結果を出さなければ。年内に重賞を勝ちたいです」と意欲を示した。11月には8日にラブミーチャン記念、24日に笠松グランプリがあるので、ぜひ参戦してほしい。

リーディングジョッキー争いは、佐藤友則騎手が97勝で一歩リードしており、悲願達成に燃えてい

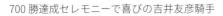

る。16年のＪＲＡのレースでは３勝を挙げており、中央のファンにも一目置かれる存在。地方通算では１１００勝を達成するなど充実した1年を送っている。同じ誕生日の尾島徹調教師からも「友君をリーディングにするから」と背中を押されており、このまま、けがもなくゴールへと突っ走りたい。

２位は85勝の藤原幹生騎手で、トップとは12勝差。15年は門別での期間限定騎乗（３カ月間）で23勝をマークする活躍を見せて、たくましくなった。16年の成長ぶりは著しく、９、10月の追い上げぶりからしても、逆転は可能だ。これに続くのがリーディング経験者の向山牧騎手（80勝）と東川公則騎手（74勝）の両ベテラン。かつて19回も笠松のリーディングに輝いたアンカツさんのような絶対的なエースは不在であり、年末まで目が離せない。

秋まつり、若い女性ファンの姿も多く

10月８、９日に開かれた第１回「笠松競馬秋まつり」は大にぎわいで、パドック内での笠松所属騎手サイン会も好評だった。独身でイケメンの吉井騎手らの前には、若い女性ファンの姿も多く見られ、色紙や思い思いの品にサインをお願いしていた。この日はレース騎乗もなく、リラックスムードの騎手た

笠松競馬秋まつりのサイン会でファンと交流する騎手たち

ちは快くサインに応じ、ファンとの交流を深めていた。

場内では、ミニチュアホースとの触れ合いや木馬体験など盛りだくさんのイベントが開かれ、盛り上がった。ライブステージでは、アイドルグループ「ボイメン研究生」の女性ファンたちが、夜明けとともに正面スタンドの場所取りに詰め掛け、調教中の騎手やトラックマン、警備員たちを驚かせたそうだ。いつもはレースが平日開催で、高齢者の姿が目立つ競馬場内だが、ライブに足を運んでくれた若者たちの熱気は、新鮮な光景だった。今後も広々として開放感がある競馬場の有効活用法として、家族連れや若者が楽しめるイベントの開催が増えるといい。

笠松競馬秋まつりのライブステージで、スタンドを埋めた女性客ら

クラシックレース最後の1冠・菊花賞（23日・京都）はサトノダイヤモンドとディーマジェスティの2頭を軸に、配当的には3連単で勝負したい。神戸新聞杯組が優位のレースで、サトノダイヤモンドを追い詰めたミッキーロケットと3着のレッドエルディストが有力。セントライト記念3着だった国枝栄厩舎のプロディガルサンにも注目したい。

（2016・10・21）

☆菊花賞・レース結果　①サトノダイヤモンド②レインボーライン③エアスピネル

西日本ダービー、JBCに笠松からも挑戦

地方競馬ファンにとっては興味深いレースが新設された。第1回「西日本ダービー」(3歳、ダート1870メートル、1着賞金500万円)で、11月2日に園田競馬場で開催される。岐阜、愛知、石川、兵庫、高知、佐賀の西日本地区6県交流の重賞競走である。楽天競馬杯として実施され、馬券販売好調なネット時代を反映したレースといえる。4年後の2020年には笠松競馬場でも開催される。

ダービーといえば、地方でも中央でも初夏を彩る最高峰のレースのイメージが強かったが、西日本ダービーは「JBC競走」と連動する形で、秋の行楽シーズンに開催され、地方競馬全体を盛り上げてくれそうだ。

西日本ダービーへの出走条件は「所属する競馬場で初出走し、転出実績がない成績優秀な3歳馬」となっており、地元の生え抜き馬が目標にできるレースとなる。近年は、笠松などでデビュー勝ちを収めても、オーナーサイドが「これは走りそうだな」と思えば、賞金が高い南関東などへ移籍させるケースも目立っている。地元のファン心理としては、かつてのラブミーチャンのように、笠松在籍馬として全国交流重賞で活躍する姿が見たいものである。そういった意味からも、今回の西日本ダービー創設は地方在籍馬の育成につながり、厩舎関係者の活力を生み、地元ファンにとっても喜ばしいことである。

第1回開催地の園田はフルゲート12頭で、笠松からはリーディングトップの佐藤友則騎手が騎乗するハイジャ(井上孝彦厩舎)と、メディタレーニアン(笹

野博司厩舎）の2頭が出走する。補欠馬は全6頭のうち、笠松からセブンサムライなど5頭も登録され、現場の意欲が感じられる。東海ダービー馬のカツゲキキトキトにも参戦してほしかったが、笠松でデビュー後に名古屋へ移籍しており、出走しない。

めいほう杯を勝ったハイジャ。西日本ダービーにも挑戦した

ラブミーチャン、ＪＢＣスプリント４着

地方・中央の統一ＧⅠが1日3レース実施される「ＪＢＣ競走」は地方競馬最大の祭典で、11月3日に川崎競馬場で開催される。クラシック、スプリント、レディスクラシックの3レースで、２０１１年（大井）には笠松からラブミーチャンがスプリントに挑戦。最後の直線で先頭に立ち、ゴール前では中央勢に屈したが、地方馬最先着の4着と健闘した。今年は、笠松からタッチデュール（佐藤友則騎手）がクラシックに挑戦。オグリ一族のオグリタイム（北海道）はスプリントに参戦（7着）。

ＪＢＣ競走は16回目を迎え、これまで南関東を中心に全国で熱戦を繰り広げてきた。全国持ち回り開催が理想とされ、東海・北陸地区でも名古屋で2回、金沢で1回開かれているが、笠松ではまだ開催されていない。現時点では「夢のまた夢」とも思える笠松でのＪＢＣ開催ではあるが、今後、収益力アップとともに地元の熱意が高まり、施設面、交通手段などの条件を整えて手を挙げれば、いつか笠松での開催が実現できるのではないか。

笠松のフルゲートは10頭で、12～16頭が出走可能な他の競馬場よりも少なく、ＪＢＣ開催へのネックとなっているように思われるが、かつてはオグリキャップ記念と全日本サラブレッドカップ（現笠松グランプリ）がダートグレード競走として開催されていた。３年前には金沢でＪＢＣが実施され、入場者約１万２５００人、馬券販売額約25億円を記録し、集客や収益面でも大成功を収めたように、全国のファンの注目を集めるビッグレース開催への機運が少しずつ高まっていくことを期待したい。

2011年のＪＢＣスプリントに挑んだラブミーチャン（左）は、地方馬最先着の４着と健闘した

秋の天皇賞は、昨年の安田記念とマイルＣＳを制覇し、安定感抜群のモーリスが軸。前走・毎日王冠組が10年連続で連対を果たしているレース。毎日王冠勝ち馬のルージュバックと３着のヒストリカルが有力で、５着ステファノスと８着ロゴタイプも要注意。海外ＧⅠ２勝馬で世界が注目するエイシンヒカリは、武豊騎手の手綱で最内から逃げ切りを狙う。

（２０１６・10・28）

☆天皇賞（秋）・レース結果　①モーリス②リアルスティール③ステファノス

2歳牝馬戦・ラブミーチャン記念

西日本ダービー（園田）は地元のマイタイザン（杉浦健太騎手）が逃げ切って優勝。笠松から参戦したハイジャ（佐藤友則騎手）が5着、メディタレーニアン（藤原幹生騎手）は8着だった。JBCクラシックにはタッチデュール（佐藤友則騎手）が挑戦したが、優勝したアウォーディー（武豊騎手）ら中央の強豪相手で、13着に終わった。

西日本ダービーに挑んだメディタレーニアンは、オグリローマンのひ孫にあたり、オグリキャップの母ホワイトナルビーの血脈をつなぐ1頭。母サンマルミッシェルは、キャップの生まれ故郷である北海道の稲葉牧場で繁殖馬生活を送っている。2歳時にJRA認定競走を勝つなど笠松で3勝を挙げているメディタレーニアンには、今後の飛躍が期待される。

「笠松の快速娘」として中央勢を圧倒し、ダートグレード競走で5勝を挙げたラブミーチャン

もう1頭のハイジャは、笠松重賞のゴールドジュニアを勝った素質馬で、脚部不安から復活への一歩を踏み出したといえる。

「笠松の快速娘」の功績をたたえる

11月8日には、2歳牝馬による「第3回ラブミーチャン記念」（1600メートル、SPI）が笠松で開催される。全日本2歳優駿（JpnI）などダートグレードで5勝を飾り、地方競馬の年度代表馬に2度輝いた「笠松の快速娘」ラブミーチャンの功績をたたえるレース。「プリンセス特別」から、一昨年「ラブミーチャン記念」に改称された。笠松育ちで中央勢を圧倒する活躍を見せたスターホースのうち、その馬名を冠にした記念競走はオグリキャップ記念、ライデンリーダー記念に続き3レース目。

9歳になったラブミーチャンは、北海道の谷岡牧場で元気に繁殖馬生活を送っている。順調に長男のラブミーボーイと次男のラブミージュニア（ともに父ゴールドアリュール）を出産しており、5月には父コパノリチャードの子の受胎も確認された。第3子の無事出産が期待されている。

今年のラブミーチャン記念の他地区選定馬は、残念ながら出走回避が相次ぎ、金沢シンデレラカップ

ラブミーチャン記念が開催される笠松競馬場。2013年のオッズパークグランプリでは、地元で3年ぶりの優勝を飾ったラブミーチャン（左）

を勝ったヤマミダンス（金沢）1頭のみが参戦する。名古屋からの出走もなく笠松勢が9頭を占め、「地方全国交流」というには寂しい顔触れになってしまった。地方競馬の牝馬を対象にした「グランダム・ジャパン2016」2歳シリーズの一戦でもあるラブミーチャン記念だが、秋競馬真っ盛りで重賞競走が各地で相次ぐシーズン。2歳シリーズもローレル賞（川崎）が開催されたばかりで、各陣営の思惑があるし、若い牝馬にとっては調整も難しいということか。

笠松勢では、JRA認定競走勝ちがあるハローマイダーリン（佐藤友則騎手）とレッドレイジング（丸野勝虎騎手）が上位を狙える。JRA、北海道からの転入初戦をそれぞれ快勝したビットエポナ（筒井勇介騎手）、イスタナ（藤原幹生騎手）の一発も不気味だが、地元勢は全体的に小粒な印象。ただ1頭の遠征馬で、金沢では3戦3勝のヤマミダンスがやはり最有力で逃げ切りなるか。

第1回の勝ち馬はジュエルクイーン（北海道）で、3歳になってからもオープン馬として活躍中。第2回は吉井友彦騎手が騎乗したミスミランダー（北海道）が優勝し、ロジータ記念（川崎）も制覇するなど、トップホースの道を歩んでいる。第3回は地元勢にも優勝のチャンスがあり、厩舎サイドも力が入る。笠松での重賞レースをステップにして、ラブミーチャンのようにダートグレード競走で活躍できるスターホースへと駆け上がってほしい。

（2016・11・5）

金沢のヤマミダンスV

「金沢のシンデレラ」はやはり強かった。2歳牝馬による第3回ラブミーチャン記念（1600メートル、SPI）が笠松競馬場で開催され、1番人気のヤマミダンス（青柳正義騎手）が豪快に逃げ切って優勝した。笠松勢はハローマイダーリン（佐藤友則騎手）が3馬身差の2着、イスタナ（藤原幹生騎手）が3着に食い込み、地元馬の意地は見せた。

ラブミーチャン記念を勝った金沢のヤマミダンスと青柳正義騎手

ヤマミダンスは、かつてのラブミーチャンばりの華麗な逃げを披露し、金沢シンデレラカップに続く重賞2連勝で、デビューから無傷の4連勝。父は有馬記念Vのハーツクライ、母は名古屋に在籍して重賞9勝を飾ったキウィダンス。青柳騎手は千葉県出身の31歳で、14年にはケージーキンカメで東海ダービーを制覇し、16年は金沢の騎手リーディング2位。

勝利インタビューで青柳騎手は「内枠で包まれないよう逃げるつもりだった。馬が一戦一戦成長してくれており、出た途端、大丈夫だと思った。手応えが良かった」とレース内容に満足そう。青柳騎手といえば、金沢競馬が開催休止となる1、2月に「冬期交流騎手」として笠松へ3年連続で参戦。16年も14勝を挙げる活躍を見せ、地元ファンにもおなじみの顔である。「笠松にはよく来ており、応援してもらっています。ヤマミダンスの母も僕も東海、笠松に縁が深く、全国へ向けて名前を上げていきたい」と、遠征先での勝利の味をかみしめていた。

ラブミーチャン記念優勝で、表彰式に臨む青柳正義騎手

「次は金沢ヤングチャンピオン（11月27日・金沢）を目指したい」と青柳騎手。年末の東京2歳優駿牝馬（大井）にも「行きたいですね」と意欲を示し、ヤマミダンスとのコンビで全国の交流重賞へ打って出る構えだ。世代別牝馬重賞シリーズ「グランダム・ジャパン２０１６」でも2位につけており、逆転で2歳女王の座（ボーナス賞金３００万円）を射止めたいところだ。ダートグレード競走での活躍が期待でき、ラブミーチャンに続く東海・北陸地区の代表牝馬として、今後も応援していきたい。

兵庫クイーンカップ（園田、3歳以上牝馬）には、笠松勢が4頭も参戦。シークレットオース（栗本陽一厩舎）が3着に食い込む健闘を見せ、２０１１年のプリンセス特別（現ラブミーチャン記念）覇者の元気娘・タッチデュールも、ＪＢＣクラシックから中6日で果敢に挑戦。結果は9着に終わったが、笠松で「鉄の女」と呼ばれたトウホクビジンに続く存在感を示しており、そのタフさは本当に素晴らしい。

京都の2歳レコード(ダート)

熱いドラマが繰り広げられている牝馬の戦い。初々しい2歳馬は、人間の年齢なら15、16歳か。ラブミーチャンは7年前の2歳秋にJRAの1200メートル戦に挑戦し、1分11秒0をマーク。このタイムは京都の2歳レコード（ダート）として、いまだに破られておらず、出馬表にも名前が刻まれている。2歳時は、競走馬も伸び盛りで急激に力をつける時期であり、笠松勢ではハローマイダーリンのほか、ローレル賞（川崎）に挑んだハイアーも将来が楽しみな一頭だ。夢あふれる素材の乙女たちの飛躍に期待を込めて、今後の成長を見守っていきたい。

大人の牝馬たちの戦いであるエリザベス女王杯（京都）は、連覇を目指すマリアライト（蛯名正義騎手）が最有力。宝塚記念を制覇し、牡馬相手でも互角の戦いを演じており、牝馬限定なら鋭い末脚で突き抜けるか。外国人騎手が騎乗するタッチングスピーチ（ムーア騎手）、クイーンズリング（Mデムーロ騎手）、シングウィズジョイ（ルメール騎手）の3頭が2、3着候補。あとは2着続きのミッキークイーン、武豊騎手が手綱を取る芦毛馬マキシマムドパリにも注目したい。

（2016・11・11）

※ヤマミダンスは金沢ヤングチャンピオン1着、東京2歳優駿牝馬は15着。グランダム・ジャパン2歳シーズンは3位。

☆エリザベス女王杯　①クイーンズリング②シングウィズジョイ③ミッキークイーン

名勝負の数々、笠松グランプリ

地方全国交流の「第12回笠松グランプリ」（1400メートル、SPI、3歳以上オープン）が11月24日、笠松競馬場で開催される。1着賞金1000万円は笠松では最高額で、強力な遠征勢が参戦する。笠松勢は4頭で、くろゆり賞を圧勝した地元最強馬サルバドールハクイらが豪華メンバーを迎え撃つ。

笠松グランプリのポスター

笠松グランプリでは、これまで数々の名勝負が繰り広げられてきた。2004年までは「全日本サラブレッドカップ」の名称で、ダートグレード競走（1997年以降）として実施されていた。88年の第1回レースでは、笠松が誇る砂の王者フェートノーザンと、「南関東の大物見参」と騒がれた、あのイナリワン（大井）が一騎打ち。ファンで埋まった正面スタンド一帯は熱気が充満していた。

フェートノーザンがイナリワンに完勝

レースは、アンカツさんのゴーサインに鋭く反応し、第4コーナーで抜け出したフェートノーザンがイナリワンの追撃をかわし、1馬身半差をつけて完勝した。「なんだ、南関東の大将も大したことないじゃないか。やっぱり笠松の方がレベルが高いな」と痛快だったのだが、翌年、イナリワンはＪＲＡ入り。春の天皇賞、宝塚記念、有馬記念も制覇してＧⅠ３勝を飾り、この年のＪＲＡ年度代表馬になるとは……。毎日王冠ではオグリキャップとハナ差の死闘を演じ、スーパークリークを含めた「平成３強」の一角として輝きを放った。

　フェートノーザンは、主戦だったアンカツさんが自らの引退会見でも「笠松時代の最も印象深い馬」と語っており、88年にＪＲＡ入りしたオグリキャップ以上に忘れられない一頭だった。フェートノーザンは、けがとの闘いで持病の裂蹄《れってい》に苦しんだが、中央から笠松移籍後に復活を遂げた。札幌のブリーダ

「ダート日本一」の活躍を見せた笠松のフェートノーザン、1989年

「笠松時代の最も印象深い馬はフェートノーザン」と、自らの引退会見で語った安藤勝己元騎手

ーズゴールドカップや南関東の帝王賞も制覇するなど「ダート日本一」の活躍を見せ、まだ20代だったアンカツ青年を大きく成長させてくれた一頭だった。翌年の第2回全日本サラブレッドカップにも出走したが、残念ながらレース中の骨折が原因でこの世を去った。

同時期に笠松所属馬だったオグリキャップとフェートノーザンの対決は実現することはなかったが、地方と中央を駆け抜けた2頭は、笠松競馬の誇りである。その後もライデンリーダー、レジェンドハンター、ミツアキタービンなどがJRAのGIレースに挑んで、上位に食い込んだ。当時の笠松所属馬の強さは目覚ましかった。

エーシンクールディが先着

ファンの記憶に新しいのは2012年の笠松グランプリ。GIホースのラブミーチャン（浜口楠彦騎手）と、連覇を狙うエーシンクールディ（岡部誠騎

2012年の笠松グランプリでは、逃げるラブミーチャン（右）をエーシンクールディが差し切り、連覇を飾った

手）の牝馬2頭のマッチレースで、場内は大いに盛り上がった。ラブミーチャンは、スタートで出遅れたのが響いて中団から追走。第4コーナーでは先頭に立ち、追い上げるエーシンクールディとの激しいたたき合いになったが、ゴール寸前で鋭く伸びたエーシンクールディが先着して連覇を達成。引退レースを勝利で飾った。

16年の出走馬は例年以上にハイレベルで、遠征馬は5頭。15年の優勝馬ラブバレット（岩手）、2着のサトノタイガー（浦和）が参戦。ラブバレットは盛岡・クラスターカップ3着、サトノタイガーはJBCスプリント5着と、ともに地方馬最先着で地力強化が著しい。このほか、道営記念2着のオヤコダカ（北海道）、岐阜金賞を制覇したエイシンニシパ（園田）、九州産馬のコウユーサムライ（佐賀）も出走予定で、北から南までの強豪がそろった。

地元勢はサルバドールハクイ、タッチデュール、ホッコージョイフルの3頭に、冬季休止となった北海道競馬から笠松に移籍してきたオグリタイム（山中輝久厩舎に所属）も参戦予定。名古屋からはメモリージルバが出走する。

高額賞金ゲットを目指して、全国の各陣営が火花を散らす笠松グランプリ。どの馬にも優勝のチャンスがあって、寒さを吹き飛ばす白熱した面白いレースになる。ここ3年は佐賀、浦和、岩手の馬が制覇しており、笠松勢は15年、リックムファサが4着、タッチデュールは6着だった。16年は、笠松の大将格・サルバドールハクイや笠松向きの先行力が武器のオグリタイムが、展開次第では上位に食い込む力を十分持っており、地元ファンを楽しませる好勝負になりそうだ。

（2016・11・18）

笠松グランプリ、岩手のラブバレット連覇

終わってみれば、実力馬の東北、北海道勢がワンツーフィニッシュ。第12回笠松グランプリ（1400メートル、SPI）が11月24日、笠松競馬場で行われ、山本聡哉騎手が騎乗した岩手のラブバレット（牡5歳）が1分23秒6のレコードタイムで連覇を飾った。2着は1番人気のオヤコダカ（北海道、石川倭騎手）で、笠松勢はサルバドールハクイ（東川公則騎手）の6着が最高だった。地元馬の活躍を期待したファンにとっては、残念な結果に終わったが、ダートグレード戦線をにぎわす全国トップレベルの馬たちの疾走する姿に、寒さを吹き飛ばす熱気がみなぎった。

笠松競馬のビッグレースで、1着1000万円は地方全国交流重賞では屈指の賞金。北海道から九州までの地方馬の豪華メンバーがそろった。レースは、2番人気ラブバレットが先手を奪うと、ぴったりと

オヤコダカを引き離して1着でゴールし、笠松グランプリ連覇を達成したラブバレット

追走するオヤコダカを第4コーナーで一気に突き放し、逃げ切った。3着にはサトノタイガー（浦和、岡部誠騎手）が食い込んだ。

笠松勢は、上位2頭のスピードに付いていけず、レコードタイムの決着に脱帽だった。3番人気となったサルバドールハクイは末脚を発揮できず、オグリタイムも最後方から追い込んだが8着に終わった。年末の東海ゴールドカップなど重賞レースでの巻き返しを期待したい。

優勝したラブバレットと山本聡哉騎手ら関係者

喜びの山本聡哉騎手

思い通りのレースができ、いいタイム

ラブバレットを優勝に導いた山本騎手は、2010年に約2カ月間、笠松で期間限定騎乗して8勝を挙げ、16年は岩手の騎手リーディングを独走中。勝利インタビューでは「（連覇できて）うれしいです。いろいろな所に遠征して馬が成長しており、一緒に頑張っていい競馬をしていきたい。（オヤコダカとは一騎打ちの形になったが）第4コーナーで引き離す思い通りのレースができ、いいタイムを出せた」と喜んだ。この日は、都心では11月としては54年ぶりの

初雪を観測し、岐阜でもかなり冷え込んだが、午後から太陽が顔を見せて、山本騎手は「岩手に比べたら、すごく暖かくて良かった」と笑顔を見せていた。

ラブバレットを万全に仕上げた菅原勲調教師は「スピードを持続して1200～1400メートルでいい競馬ができる。次走は園田のゴールドトロフィーの予定。笠松グランプリにはまた来て、3連覇を目指したい」と満足そうだった。菅原調教師といえば、騎手時代の1999年に岩手のメイセイオペラでJRAのGI（フェブラリーS）を制覇。地方騎手、地方所属馬としては唯一の快挙となっている。笠松時代のアンカツさんは、レジェンドハンターで惜しい2着（朝日杯3歳S）があったが、笠松の人馬もいつの日か悲願達成を……。

笠松グランプリ前日には、競馬場内で予想トークショーも開かれ、にぎわった。馬券のネット販売が好調で、「楽天競馬大使」の津田麻莉奈さんやアドバイザーの古谷剛彦さんが参加し、場内のファンを楽しませた。津田さんは、この日の冠協賛レース「ポイント、ツイてる！ 楽天競馬賞」の予想を3連複で、笠松グランプリも本命ラブバレットで3連単を見事に的中させていた。これからも地方競馬の予想をよろしく。そして、笠松にまた来場して盛り上げていただきたい。

（2016・11・25）

笠松グランプリの予想も的中させた津田麻莉奈さん

笠松出身の川原騎手健在

笠松競馬のトップジョッキーだった川原正一騎手が、兵庫（園田、姫路競馬）に移籍後も長年活躍を

笠松重賞サマーカップをマルトクスパートで優勝した川原正一騎手

続けている。２０１６年の充実ぶりは目覚ましく、笠松時代のミツアキサイレンスで勝って以来、14年ぶりとなるダートグレード制覇（２勝）を達成。地方通算の勝利数は５０００勝を突破しており、57歳になっても衰えるどころか飛躍を続け、「中高年の星」として輝きを増している。

川原騎手は、11月23日の兵庫ジュニアグランプリ（ＪｐｎⅡ）で、地方馬ローズジュレップ（北海道）に騎乗し、ＪＲＡ勢を圧倒して優勝を飾った。夏には、笠松重賞のサマーカップをマルトクスパート（兵庫）で勝ち、「久々に笠松で重賞を制することができた。また来て騎乗したい」と、里帰りした実家の庭のような笠松コースでの逃げ切り劇を楽しんで、ファンの応援に感謝していた。

川原騎手は鹿児島県出身で、1976年に17歳で笠松デビュー。その日の4戦目に早々と初勝利を挙げた。96年には、18年間も笠松の騎手リーディングを続けていたアンカツさんから、その座を奪取。99年からは6年連続でリーディングに輝いた。笠松時代に2856勝、兵庫移籍後も2200勝を超え、両競馬でともに2000勝以上という大記録を達成した。

ずっと馬とともに生きる

笠松時代から中央にも参戦し73勝を挙げた。圧巻は97年のワールドスーパージョッキーシリーズでの総合優勝。岡部幸雄騎手やペリエ騎手ら国内外6カ国の一流ジョッキーを抑えての快挙。最終レースでは、5番人気のファーストソニアに騎乗し、断然人気のステイゴールド（武豊騎手）を破って逆転優勝を飾った。この活躍が認められて、岐阜県民栄誉賞や岐阜新聞スポーツ賞も受賞。「馬に乗ることが大好きなんです。ずっと馬とともに生きることが、私の夢です」と意欲を示し、今もその通りの競馬ライフを追い続けている。

謙虚な努力家で、常にフェアな騎乗スタイルと闘志あふれる勝負根性。若手時代にはファンの間でも「穴の川原」と呼ばれ、競馬新聞の予想無印の馬を度々馬券圏内に導いていた。逃げ馬に乗せたら天下一品で、今回の兵庫ジュニアグランプリでも、ロー

1998年、ワールドスーパージョッキーシリーズで総合優勝を飾るなど、活躍が目立った笠松時代の川原正一騎手

ズジュレップで2番手から4コーナーで先頭に立つと、戸崎圭太、ルメールらJRA騎手の騎乗馬も圧倒し、本領発揮の逃げ込みを決めた。7年前、この

2005年、「29年間の笠松時代を財産に、移籍後も頑張りたい」とファンの前で決意を語った川原正一騎手

レースと全日本2歳優駿（JpnⅠ）を連勝したラブミーチャンに続けとばかりに、ローズジュレップは次走での全日本2歳優駿制覇を目指しており、注目される（結果は3着）。

笠松時代の川原騎手は、愛馬ミツアキサイレンスとの快進撃が続いた。相性抜群だった佐賀記念（GⅢ）では2001、02年に2連覇を達成。菊花賞馬ナリタトップロードが勝った阪神大賞典では堂々の4着に食い込んだ。宝塚記念にも出走し11着、クロフネが圧勝したJCダート（現在のチャンピオンズカップ）では12着だった。地元のオグリキャップ記念（GⅡ）は惜しくも2着2回、3着1回に終わった。

川原騎手の突然の兵庫移籍は、笠松競馬が存廃に揺れていた05年6月だった。連勝で有終の美を飾り、多くのファンに囲まれた川原騎手は「29年間の笠松時代の財産を恥じないようにしたい」と思いを語った。「家庭の事情もあって移籍を決めた」というこ

とだったが、笠松競馬の廃止を見越して移籍先がほぼ決まっていたようだった。経営難の笠松競馬は「赤字にならないこと」を条件に一年間の存続が決まったが、ＪＲＡに移籍したアンカツさんに続いて「笠松のエース」を失うことに、川原ファンの一人として寂しさが募った。複雑な心境でセレモニーを見守り、「笠松が大変な時期に見捨てないでほしい」という思いと、新天地での飛躍を願う気持ちが交錯していた。

　笠松で29年間、兵庫で11年間騎乗。ダートグレードでの活躍が素晴らしく、笠松時代にミツアキサイレンス（佐賀記念２勝、名古屋グランプリ、兵庫チャンピオンシップ）とトミケンクイン（ＴＣＫ女王盃）で計５勝、園田では16年、ケイティブレイブ（兵庫チャンピオンシップ）とローズジュレップ（兵庫ジュニアグランプリ）で２勝を挙げた。

　園田では毎年２００勝前後を積み重ね、16年も騎手リーディング２位。「馬のリズムに合わせて、いいレースができれば」と、進化を続ける熟年スタージョッキー。年末の兵庫ゴールドトロフィー（ＪｐｎⅢ）にも参戦できれば、「兵庫のダートグレード３冠」の金字塔へと、ファンの期待が膨らむことだろう（結果はドリームコンサートで７着）。移籍後も「笠松のエース・川原」のイメージが根強く残っており、馬券も買っていつまでも応援を続けたい名手である。

（２０１６・12・２）

「JRAへの扉」開いたアンカツさん

地方から中央への道を切り開いたアンカツさん

2003年、笠松の騎手だったアンカツさんが切り開いた「JRAへの扉」。その後も地方競馬の騎手が相次いでJRA入りし、大井から移籍した戸崎圭太騎手は2年連続リーディングで、16年もトップを快走している。JRAは、成績優秀な地方騎手に対して1次試験を免除する、いわゆる「アンカツルール」を適用した時期もあり、各地のトップジョッキー参入につながった。アンカツさんが先駆者となって、地方と中央の垣根が低くなったことは確かで、交流重賞レースなども盛んになった。

中央のエリート馬を次々となぎ倒したオグリキャップの「笠松魂」は、人馬に脈々と受け継がれてきた。交流元年の1995年、アンカツさんは1番人気ライデンリーダーで挑んだ桜花賞で4着に敗れ、悔しさを味わった。「自分の経験不足だった。中央のGIを勝ちたい」との思いが強くなり、99年から02年の間は、笠松と中央を股に掛けた戦いを続けた。少々出遅れても慌てず、能力を信じて馬をよく動かした。アンカツ旋風は吹き荒れ、人気がない馬でも掲示板の上位をにぎわせて、4年間に「174」もの勝利を量産した。

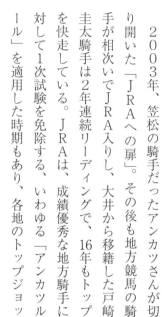

アンカツルールで1次試験が免除

99年9月には、地方騎手としては異例の「1日4勝」の固め打ちと、同じ日に神戸新聞杯でもフロンタルアタックで2着と大活躍。この年はレジェンドハンターでデイリー杯3歳Sを制するなど55勝を記録した。ただ、地方騎手が中央のレースに出るには、特別指定交流競走に笠松所属馬を出走させることが条件で、騎乗できる日は限定されていた。99年の中央での連対率は2割4分をマークしたが、上位人気馬に騎乗することは少なかったことを考えれば驚異的な数字である。

笠松競馬場でのオグリキャップ引退式で、騎乗する安藤勝己騎手

ＪＲＡの騎手になるには、通常なら、今年デビューした藤田菜七子騎手のように競馬学校で3年間、競馬に関する専門知識や実技をみっちり学んで、10代で騎手免許取得を目指すのが道筋である。地方競馬の騎手が中央競馬に移籍する際にも、1次試験（筆記）、2次試験（実技、口頭試験）に合格する必要があったが、アンカツルールでは、直近5年以内にＪＲＡで20勝を2回以上マークした地方騎手は、1次試験が免除された。

ＪＲＡがアンカツルールを採用したのは、世論の力も大きかった。地方騎手にとって、中央移籍はハードルが高く、競馬関係の法規、調教の専門知識、馬学・衛生学などを問う1次試験が難関だった。アンカツさんは1回目の受験では不合格となったが、「アンカツほどの名手を落とすとは」といった競馬ファンらの声を受けてルールが改正された。03年に合格し「中央のアンカツ」が晴れて誕生。ＪＲＡ入りを後押ししてくれたファンやマスコミの力を痛感し、感謝した。

京都競馬場での安藤勝己騎手の引退セレモニー

ＪＲＡの騎手たちに胴上げされるアンカツさん

アンカツさんを胴上げ、「かなり重かった」

アンカツルールの恩恵を受けたのは、兵庫の小牧太騎手と岩田康誠騎手、大井の内田博幸騎手の３人。岩田騎手は「ずっと安藤さんの背中を見てやってきた」と感謝。京都競馬場での引退セレモニーでは、武豊騎手ら関西の騎手が勢ぞろいして、アンカツさんを胴上げ。減量から解放されて太めになっており、「かなり重かった」そうだ。

笠松からは柴山雄一騎手、安藤光彰騎手が自力で1次試験を通過し、2次も合格した。家族らのサポートもあって、独学で猛勉強を積み重ねた末の難関突破だった。笠松リーディング確実の佐藤友則騎手も受験したが1次試験突破はならなかった。アンカツさんがそうだったように、笠松や名古屋だけの競馬では物足りなくなり、「地方から中央の舞台へ」と、勝負師としてのメジャー志向は当然の流れではある。

地方騎手からJRA参入者が増えることは、中央の騎手にとっては騎乗機会が減ることにもつながり、反発も当然あっただろう。アンカツルールは09年度まで適用されたが、10年度以降は成績に関係なく、全ての騎手に1次試験が必須となった。新たに直近3年以内にJRAで20勝2回以上の騎手のみ、2次試験の実技が免除された。戸崎騎手は10、12年に22勝を挙げて、1次突破後の2次は口頭試験のみ。3度目の挑戦で合格した。岡田祥嗣騎手（福山＝2013年廃止）は実技も含めた2次試験をクリアした。

JRAの今年の騎手リーディングは、戸崎騎手とルメール騎手によるトップ争いが続いている。12月第1週までで、戸崎騎手の173勝をルメール騎手が169勝で追走しており、2人の1位、2位が濃厚（戸崎騎手が1勝差で3年連続リーディング獲得）。このほか、地方出身騎手では内田騎手がリーディング6位、岩田騎手が9位でトップ10入り。柴山騎手は48勝で20位だ。

戸崎騎手はラブミーチャンにも騎乗。13年の東京スプリントと盛岡・クラスターカップのラスト2戦を勝利しており、笠松にもゆかりのある騎手といえよう。引退が決まったアンカツさんから、バトンを受け継ぐようなタイミングでJRA入りを果たしている。

地方からJRA入りした騎手は、アンカツさんを含めて計10人。地方競馬でリーディング経験がある吉原寛人騎手（金沢）、赤岡修次騎手（高知）も中

ラブミーチャンがラストランで優勝した盛岡・クラスターカップでは、戸崎圭太騎手が騎乗した

央入りに意欲はあるだろうが、ここ4年間、合格者は出ていない。笠松の佐藤騎手は、中央のレースでは16年も3勝を挙げて、地方騎手としては2年続けてトップの成績。JRA試験に9度目の挑戦で合格した岡田騎手のように、何年かかってもJRA入りを目指すだろうが、まずは笠松のスタージョッキーとして地元ファンの期待に応え、リーディングの座を積み重ねてほしい。

引退後のアンカツさんは、競馬評論家としてテレビや新聞で活躍中。このところのGI予想も好調のようで、ファンの支持も厚い。笠松での引退セレモニーでも、地元騎手たちに胴上げされ、「笠松は身近に馬が見られる競馬場。これからもたくさん足を運んで」と呼び掛けていた。またぜひ来場してもらい、オグリキャップ記念像の近くで楽しいアンカツ節を聞かせてほしい。（2016・12・9）

笠松発、サクセスストーリー

２０１６年の笠松競馬も残り1開催となり、12月27日からの５日間、熱戦が繰り広げられる。重賞レースは30日にライデンリーダー記念、31日には東海ゴールドカップが行われる。

1993年の笠松「ジュニアグランプリ」で優勝したオグリローマンに騎乗する安藤勝己騎手

安藤勝己騎手を背にしたオグリローマンの優勝をたたえる関係者

わが家の段ボール箱の中から、アンカツさんが騎乗したゼッケン２番の馬の古い写真が出てきた。すっかり忘れていたが、１９９３年12月に笠松で開催されたジュニアグランプリ（現在のライデンリーダー記念）の優勝馬で、オグリローマン（牝２歳、鷲見昌勇厩舎）だった。

オグリローマンは翌年に中央入りしており、笠松所属馬としては最後のレースとなった。秋風ジユニアでただ1度、マルカショウグンに敗れたが、ジュニアグランプリでは圧勝し、雪辱を果たした。1600メートルを1分41秒で駆け抜け、歴代優勝馬の最高タイムをマーク。同じレースで優勝した兄オグリキャップより4秒も速かった。

キャップの無念さも背負って

笠松時代は6勝2着1回の成績。オグリキャップの妹ということで、中央での活躍も期待されていたが、芝レースで通用するかは未知数だった。中央への壮行会ともなったジュニアグランプリでのオグリローマンの優勝セレモニー。馬主だった小栗孝一さんらを囲んで盛り上がり、ファンの注目度は高かったが、3カ月半後、まさか本当に中央のGIを制覇して「桜花賞馬」になるとは……。2歳から3歳の競走馬の成長力はすごいものだ。日本ダービーなどクラシックレースに出走できなかったキャップの無念さも背負って、武豊騎手の好騎乗で激走。笠松をはじめ全国のファンの熱い声援に応えてくれた。

笠松競馬の歴史を彩ったジュニアグランプリの優勝馬たちの活躍ぶりを振り返ってみたい。

【ジュニアグランプリの主な勝ち馬】

	優勝馬	騎手	調教師
82年	リュウフレンチ	坂本敏美	大橋憲
83年	リュウズイショウ	町野良隆	大橋憲
84年	ミスターボーイ	安藤光彰	横山忠
87年	オグリキャップ	安藤勝己	鷲見昌勇
89年	マックスフリート	安藤勝己	荒川友司
91年	オグリホワイト	安藤勝己	鷲見昌勇
92年	サブリナチェリー	安藤勝己	荒川友司
93年	オグリローマン	安藤勝己	鷲見昌勇
94年	ライデンリーダー	安藤勝己	荒川友司
96年	シンプウライデン	安藤勝己	荒川友司

記憶に残っている馬は、アンカツさんが尊敬していた伝説の名手・坂本敏美騎手（愛知）が騎乗したリュウフレンチや、トウショウボーイ産駒で東海ダ

ービーを制覇したリュウズイショウだ。笠松のオールドファンにとっては懐かしい名前だろう。

ミスターボーイ、中央移籍後はGⅠ3着3回

アンミツさんが騎乗したミスターボーイは、笠松でデビューし8戦7勝。中央移籍後はGⅠ3着3回という輝かしい戦績と、馬名のスマートさからも忘れられない1頭だ。オグリキャップがまだ笠松で走っていた87年、GⅠのマイルチャンピオンシップで3着（村本善之騎手）。当時のマイル王だったニッポーテイオーに敗れはしたが、笠松出身馬の中央でのサクセスストーリーは、この頃から始まったといえよう。88年には安田記念で3着（ニッポーテイオー1着）、マイルチャンピオンシップでも3着（サッカーボーイ1着）と、マイルGⅠで3戦連続3着という「善戦ボーイ」ぶりを発揮。マイラーズカップ（GⅡ）、セントウルS（GⅢ）など中央で8勝を挙げた。

1991年の笠松「秋風ジュニア」で快走し、1着になったオグリホワイト

87年のジュニアグランプリは、オグリキャップがトウカイシャークを圧倒して制覇。ホワイトナルビー産駒であるオグリ一族の黄金時代が始まった。キャップの中央でのGⅠ4勝の活躍に続いて、妹たちも優秀だった。91年のオグリホワイトは、後にテレビ愛知OPを制したトミシノポルンガを破ってジュ

ニアグランプリを優勝。中央のチューリップ賞（武豊騎手）に挑んだが、7着で桜花賞へは進めなかった。2歳下の妹オグリローマンは、チューリップ賞2着から桜花賞を制覇した。そして、翌年にはライデンリーダーが登場し、笠松競馬の名声をさらに高めた。

２０１７年はオグリキャップが笠松でデビューしてから30周年を迎える。ＮＨＫのテレビ番組「プロフェッショナル」では、「ただ、ひたすら前へ　競走馬・オグリキャップ」と題した放送が2月ごろに予定されている。キャップが中央入りした時点で、競走馬としての完成度が高かったことから、笠松時代のレースぶり、当時の鷲見調教師や騎乗した騎手たちの仕事ぶりにもスポットが当たりそうだ。人間でなく、今は「伝説」として語り継がれている競走馬の「仕事の流儀」とは……。新たな取り組みとなり、放送を楽しみにしたい。

オグリキャップの引退直後には、ファンの一人として『週刊競馬報知』の読者欄に投稿し、掲載されたことがあった。笠松デビュー戦から全12レースの専門紙（競馬エース、東海）を持っていたことから、「笠松時代のオグリについて知りたい」という多数のファンと交流ができ、出走表のコピーを送ってあげた。「今後の記事の資料にしたい」という競馬報知の編集者には専門紙（現物）を送ったままになっており、手元に残っていない。当時のオグリファンで、コピーをまだ保存されている方がいたら、「オグリの里」やＮＨＫの番組などの資料にしたいので、ぜひ連絡を。

笠松競馬は12月9日の開催日、馬券販売額が久しぶりに3億円を突破した。15日の名古屋グランプリ（ＪｐｎⅡ）では、笠松でデビューしたカツゲキキトキト（名古屋、大畑雅章騎手）が中央勢を相手に3着に食い込み、地元馬の意地を見せた。笠松勢も負けてはいられない。

（２０１６・12・16）

オグリコール、永遠の響き

有馬記念の季節となり、あのオグリコールが永遠の響きとなって聞こえてきた。

1990年12月23日、中山競馬場には有馬記念史上最多の17万7779人が詰め掛け、限界説がささやかれ、引退レースとなったオグリキャップが底力を発揮して、ドラマチックな優勝を果たした。大観衆は、完全燃焼の走りを見せた名馬の頑張りに興奮し、絶叫した。ラストランだけに感動は大きく、日本の競馬史上に輝く最高のシーンとなった。

ファン投票1番人気のオグリキャップには、安田記念で圧勝したパートナー、武豊騎手が騎乗。テレビ実況でレースを振り返ると、好スタートから中団を進み、3～4コーナーでは芦毛の馬体がいい感じで上がっていった。大外から顔をのぞかせると、胸

ラストランとなった1990年の有馬記念を制覇したオグリキャップ

武豊が騎乗したオグリキャップのウイニングランでは、オグリコールが響き渡った

が高鳴った。最後の直線では「オグリ先頭に立つか、オグリ先頭」の声に、「ライアン（メジロライアン）」と解説の大川慶次郎さん。「オグリ1着、オグリ1着。右手を上げた（実際は左手だったが）武豊。見事に引退の花道を飾りました。スーパーホースです」

お前はよく頑張って走ったよ

ウイニングランで場内を1周。「もう駄目かと思っていたのに、オグリ、お前はよく頑張って走ったよ」。単勝5・5倍で4番人気だったが、馬券が当たった人も外れた人も関係なく、競馬ファンの気持ちが一つになり、大合唱となった。人波が大きく揺れ、泣いている女性ファンの姿もあった。「オグリ、オグリ」の大合唱は、メインスタンド前で武豊が右手を高く突き上げると最高潮。「闘志に火が付きましたね」「レースは完璧、よくやりましたね」と実況席。担当厩務員の池江敏郎さんが駆け寄り、死力を尽くして駆け抜けた愛馬をねぎらった。

秋の天皇賞6着、ジャパンカップ11着と惨敗。「オグリはもう終わったんじゃないか」「有馬で走らせずに引退させるべきでは」といった論調も高まっていたが、天皇賞は1着と0・7秒差、ジャパンカップは0・9秒差と実はそんなに負けてはいなかった。「ゴール板の位置がよく分かっていた」と笠松時代の鷲見昌勇調教師が語っていたように、頭のいい馬だった。「競走馬として、自らのゴール板」も察知していたかのような鮮やかなラストシーンで、有終の美を飾った。

武豊騎手は「完調時に比べれば7、8割程度だったが、レース前から勝つ可能性は十分あると思っていた。3コーナーで手応えを感じたし、走ってくれると信じた。僕にとってもこの勝利は大きい」と、名馬とのコンビでつかんだ有馬記念優勝を喜んだ。

夜のテレビニュースでは、「オグリコール」のシーンが何度も流され、競馬をやらない人からも「感動した」という言葉を聞いた。地方から中央へと高い壁を突き破って駆け抜け、笠松で育った野武士が最後に再び天下を取った。この有馬記念のレース映像は何度見ても、何度聞いても、なぜか鳥肌が立ってくる。ディープインパクトやオルフェーヴルは、オグリより強い勝ち方をして3冠馬になったが、オグリほど、人の心に勇気を与え、世代を超えて愛され続ける馬はいない。

ギャンブル性を超越したスポーツ

バブル景気真っただ中だったこの年の日本ダービーには19万6517人が来場。逃げ切った優勝馬アイネスフウジンに騎乗した中野栄治騎手をたたえる「ナカノ」コールが響き渡った。有馬記念でも、競馬がギャンブル性を超越したスポーツとして、熱いファンの心をつかみ、オグリコールとなって沸騰した。2着メジロライアン、3着ホワイトストーンは日本ダービーと同じ顔触れだった。笠松での引退式やお別れ会、妹のオグリローマンの桜花賞優勝でも

笠松競馬場での引退式でも、オグリコールと拍手の中、安藤勝己騎手の騎乗で正面スタンド前を駆け抜けた

オグリコールは響き渡った。

2016年の有馬記念（25日・中山）は5年ぶりの「クリスマス有馬」となる。過去には、昭和最後の名勝負となった1988年、オグリキャップがタマモクロスを破って世代交代を果たした。それ以来、クリスマス有馬ではナリタブライアン（94年）、ハーツクライ（2005年）、オルフェーブル（11年）といったスターホースが優勝。3、4歳馬の強さが際立っている。

枠順が決まり、キタサンブラック（武豊騎手）が、4連勝中と得意の1枠1番を引き当てた。ジャパンカップのように逃げて、菊花賞馬のサトノダイヤモンド（ルメール騎手）が追う展開で、一騎打ちムード。ハーツクライがディープインパクトを破った05年のような「ルメール×武豊」対決が再び見られるか。3連単2頭軸で、相手には6頭。過去のGⅠ実績を重視して、まずは宝塚記念優勝のマリアライトと、GⅠ堅実駆けのミッキークイーンの牝馬2頭。

昨年覇者ゴールドアクター、２着を返上したいサウンズオブアースも圏内。穴ならデニムアンドルビーとシュヴァルグラン。

25日の「クリスマス有馬」に向けて、ムードが高まる中山競馬場

有馬記念といえば世相馬券。米同時多発テロがあった01年には、菊花賞馬のマンハッタンカフェが勝ち、アメリカンボス２着で大万馬券になった。今年は「米大統領にトランプ氏」の大番狂わせに、日本では流行語大賞「神ってる」の波乱含みの年でもあり、菊花賞馬のサトノダイヤモンドから人気薄の馬に流す手も。サトノ軍団はＧＩ戦線で神ってる躍進ぶりで、中山競馬場にルメールコールは響くのか。ウイニングランでは、オグリコールを体感した武豊騎手へのユタカコールの大合唱が絵になる。馬主・北島三郎さんとのデュエット宣言もあって、師走の空に「まつり」が響き渡るか。

（２０１６・12・22）

☆有馬記念・レース結果　①サトノダイヤモンド②キタサンブラック③ゴールドアクター

ライデンリーダー、歴史に残る豪脚

有馬記念は、予想通り見応えのあるゴール前の攻防となり、3歳馬サトノダイヤモンド（ルメール騎手）がキタサンブラック（武豊騎手）をきっちり差し切って、栄冠をつかんだ。

最近のファンは、競走馬の仕上がり具合をよくチェックしているようで、投票締め切り直前には、サトノダイヤモンドを単勝2・6倍の1番人気に押し上げた。配当は安かったが的中者は比較的多く、うれしい「クリスマスプレゼント」にもなったことだろう。

中央競馬は終わったが、地方競馬は年末年始も大にぎわい。笠松では年末特別シリーズを開催しており、岐阜新聞・岐阜放送杯はウインステージが優勝。重賞レースは、2歳牝馬による「ライデンリーダー記念」、年末の名物レース「東海ゴールドカップ」が行われる。「今年最後の運試しに」「年越しへの大勝負に」と、競馬をライブで楽しもうというファンが詰め掛け、盛り上がる。

ライデンリーダーといえば、1995年に地方・笠松から中央の舞台を駆け抜けたスーパーヒロイン。日本競馬史のターニングポイントとなった大きな変革の年で、地方所属馬にも、中央のGⅠレース出走の門戸が開かれた。その「地方・中央交流元年」の象徴的な存在として、ライデンリーダーは脚光を浴びた。人馬の地方・中央交流は進み、その後のアンカツさんら地方騎手の中央移籍にもつながった。

ワカオライデン産駒が快進撃

笠松競馬を語る上で忘れてはいけない人が、ライデンリーダーを育てた荒川友司調教師である。80年代後半から90年代にかけ、ワカオライデン産駒を中心にした荒川厩舎所属馬の快進撃が目を見張った。有馬記念を制したテンポイントが叔父だったワカオライデン。中央の朝日チャレンジカップを勝ったが、脚部不安のため、笠松の荒川厩舎に転入。数々の重賞制覇後、89年から種牡馬となり、ライデンリーダーらの活躍馬を輩出した。ホワイトナルビー産駒のオグリ一族とともに、荒川厩舎のワカオライデン産駒は笠松で一時代を築き上げ、地方から中央への「関門突破」にも大きな役割を果たした。

荒川友司調教師

ジュニアグランプリの歴代優勝馬には、荒川厩舎の馬がずらりと並んでいる。キャップと同じ芦毛の馬体で「女オグリ」とも呼ばれた89年のマックスフリート（父ダンサーズイメージ）は、全日本サラブレッドカップや東海菊花賞を制覇。ワカオライデン産駒のサブリナチェリーは名古屋の駿蹄賞を制し、小倉日経オープンやダービーグランプリにも挑戦した。

1995年3月、京都競馬場で強烈な末脚を発揮し、報知杯4歳牝馬特別を圧勝したライデンリーダーと安藤勝己騎手

そして94年6月、名牝ライデンリーダー（父ワカオライデン、母ヒカリリーダー）が笠松でデビュー。地元で10連勝を飾り、中央初戦の桜花賞トライアル「報知杯4歳（現3歳）牝馬特別」では、オグリキャップの中央デビュー戦と同じ2番人気

で、ファンの注目を集めた。

レースは圧巻だった。3コーナーまでは、アンカツさんが手綱をしごいて追っつけ通しで、「やっぱり中央の流れには付いていけないのか」と思わせる厳しい展開だった。ところが、最後の直線を向いて大外に持ち出すと、残り300メートルほどから矢が放たれたような勢い。前を行く1番人気エイユーギャルを一気にかわすと、3馬身半も突き放した。他馬が止まって見えるほどで、歴史に残る豪脚を発揮した。

1995年、ライデンリーダーの4歳牝馬特別優勝を祝う関係者

テレビ実況では、杉本清アナウンサーの仰天ぶりが、その強さを物語った。「おおっと外からライデンリーダー来たぞー。抜けたーライデン、恐れ入った、ライデンリーダー1着。なんとまあ強い。いや~これはすごい」。中央との間にあった高くて大きな壁を、地方所属馬が一気に破壊した瞬間だった。

騎乗したアンカツさんも「4コーナーからの伸びが今までと全然違った。まだ完成されていない馬だけにこれからが楽しみ」とその走りっぷりに驚いた。パドックには、ライデンリーダーの横断幕が五つ。笠松から兄アンミツさんら約40人が応援に駆け付け、勝利に歓喜した。小野晃司厩務員は「感無量です」と目を潤ませ、荒川調教師は「笠松からはるばる京都まで来たかいがあった。桜花賞でも頑張ります」と意欲を示した。「笠松にライデンリーダーあり」とその名は全国にとどろき、競馬ファンを魅了した。

（2016・12・28）

2017

笠松最高の大当たりは4000万円？

年末の笠松競馬、年明けの名古屋競馬と、東海地区の地方競馬が盛り上がりを見せ、馬券販売も好調だった。

笠松は大みそかまでの5日間開催で、重賞レースのライデンリーダー記念や東海ゴールカップが行われ、にぎわった。入場者は前年並みだったが、最終日には3500人余りが来場した。馬券販売は連日2億円を超え、1日平均では約2億7000万円と、前年を約5000万円も上回った。この時期だから「こたつでミカンとインターネット」派も多かっただろうし、他場との相互販売も威力を発揮した。

競馬ファンとしては、新年からビッグな初夢馬券をゲットしたいものだ。これまでの笠松競馬の最高配当は3連単の534万7770円（平成22年2月11日）である。そのレースを振り返ってみる。

第6R、上位に入った3頭はいずれも牝馬だった。単勝8番人気のマドンナウェイが勝ち、2着に最低人気の11歳馬、3着には3番人気の馬が入った。際どいゴールだったため、電光掲示板に着順と配当金額が表示されると、場内からは歓声とため息にも似た声が飛び交った。的中票数は1票。本場での購入者ではなく、場外かインターネット販売だった。3連複では134万8000円（的中1票）、馬連でも39万1510円（的中3票）で、それぞれ史上最高を更新。馬単は的中なしで「特払い」となった。

超ラッキー、初夢宝くじ

その後、この記録は破られていないが、かつ

ライデンリーダー記念などが開催され、年末シリーズの馬券販売が好調だった笠松競馬

て、笠松競馬絡みで超ラッキーなことがあった。お正月開催の「番外編」にはなるが、ファンサービスとして来場者に配布された初夢宝くじで、何と「４０００万円」の大当たりが出たのである。年末から元日、２日にもレースを開催していた頃の出来事である。当時の専門紙「競馬エース」によると、数字の並びもいい平成11年1月11日の「掲示板」で、驚きぶりが次のように伝えられていた。

「正月早々、景気のよい話が飛び込んできた。２日、笠松競馬場でファンサービスとして来場者へ配った自治宝くじのなかに、1等（賞金４０００万円）、前後賞（同２０００万円）の当たりくじ、計３本が含まれていたという。５０００枚のうちの３枚。いきなりとんでもないお年玉が出たものである」

そういえば、確かに笠松入場時に宝くじを１枚もらった覚えがある。「関東・中部・東北自治宝くじ（初夢宝くじ）」で、1等４０００万円は計４本。岐阜県内での1等当せんくじ売り場は、第一勧業銀行

（当時）岐阜支店だった。バブル時代の名残なのか、笠松競馬もかつては夢のあるサービスをしていたものだ。1枚200円で5000枚配布ということは、計100万円分だ。たった1枚の宝くじでも、わずか100円の3連単馬券でも、大きな幸運を射止める可能性があるということだ。

3連単がよく売れる時代

有馬記念は「世界一馬券が売れるレース」といわれ、2016年も約449億円と「馬券大国」ぶりを発揮した日本。高配当が期待できる3連単がよく売れる時代ではあるが、地方競馬では配当の安いレースも多い。

名古屋競馬は低配当が顕著で、正月の3日には1Rから6Rまで全て1番人気が1着で、2番人気が2着だった。「正月だし、どうせ安いだろう」と、運試しに馬連の本命1点買いを続けてみた。6Rまでは見事に当たったが、100円元返しや120円

ゲートから勢いよく飛び出す競走馬。スタートの瞬間は、応援するファンも力が入る

といった超低配当もあって、それほど増えなかった。複勝を当て続けて増やす「複勝転がし」ならぬ「馬連転がし」もできそうだった。

地方競馬は平日開催がほとんどで、「来場するファンは年金生活の高齢者が多いから、安くても当てやすくしてある」といった声を聞いたことがある。小回りコースの笠松や名古屋は逃げ馬が圧倒的に有利で、勝負気配が感じられる競走馬は各レース4、5頭程度か。多頭数で難解な中央競馬よりも、はるかに当てやすいのは事実だ。

成績不振馬や芦毛馬限定レースを

かつては荒れるレースが多いことで有名だった笠松だが、最近では、低配当のレースも目立ち、穴党にとっては面白みに欠けるようだ。もう少し高配当で夢のある馬券を運んでくれるよう、意外性がある若手ジョッキーらの手綱さばきにも期待したい。

また、これからはユニークなレース編成も必要だろう。成績の悪い馬ばかりを最終レースに集めて実施している、高知競馬の「一発逆転ファイナルレース」のように、波乱含みで高配当を演出するのも面白い。オグリキャップが笠松に里帰りした時には「芦毛馬限定レース」を実施して、大変盛り上がったことがある。今後、若いファンも観戦して楽しめるようなアイデアレースを公募してみてはどうか。笠松競馬の新たな魅力と、馬券販売のアップにつながるかもしれない。

（2017・1・7）

※最終レースでは近走不振馬を集めた「C級サバイバル」が実施されるようになり好評。2022年には芦毛馬限定の「ウマ娘シンデレラグレイ賞」が行われ、人気を集めた。

白銀争覇で重賞V、好スタート

新春シリーズで９勝を挙げ、リーディングを目指す佐藤友則騎手

笠松競馬の新春シリーズが1月9日から5日間開催され、穏やかな日差しと華やかなムードに包まれて、まずまずのにぎわいを見せた。レースでは波乱もあって、3連単で10万円超の馬券が3回も出た。

昨年141勝を挙げて、宣言通りに初めてのリーディングに輝いた佐藤友則騎手が、初日には、めいほう杯をハイジャ（牡4歳）で差し切るなど1日3勝を飾り、好スタートを切った。4日目には今年の初重賞・白銀争覇を、園田のランドクイーン（牝7歳）で制覇し、「笠松のエース・佐藤」を印象づけた。

今年、早くも9勝を挙げて開催トップに立った佐藤騎手。「1年間、けがなく過ごして、連続リーディングを目指します。10年でも続けたいです」と意気盛ん。2017年ということで「170勝」を目標に、笠松の最多勝利記録の更新も狙ってほしい。

ウイナーズサークルの勝利インタビューでは、「友則スマイル」がはじけ、ファンへのサインに気持ち良さそうに応じていた。初日の抽選会で佐藤騎手のサイン入りゴーグルをゲットしたファンもいて、大盛り上がり。「笠松の顔」として、全国のファンの注目を浴びて、中央の大きなレースでも活躍が期待される。

14、15年に連続リーディングを獲得し、今年は巻き返しを期す吉井友彦騎手。リーディング争いの常連で、ベテランの東川公則騎手や向山牧騎手も存在感を示しており、笠松のトップジョッキーたちの熱いバトル、心意気をファンに見せてほしい。

期間限定騎乗の若手活躍

今開催、期間限定騎乗の若手騎手の活躍も目立ち、レースに活気が感じられた。新年早々の第1Rを勝ったのは、大井の21歳・高橋昭平騎手で、16年9月末から笠松で騎乗（期間延長）している。第3Rでは門別の19歳・水野翔《かける》騎手が勝利。2カ月間の騎乗を終えてお別れとなったが、今開催4勝を含め計11勝をマークする活躍を見せた。笠松で学んだ騎乗技術を今後に生かしてほしい。このほか、岩手の23歳・菅原辰徳騎手も笠松での1カ月間の期間限定騎乗で腕を磨く。

4月からは、全国の地方競馬場を舞台に、地方、

笠松では、愛知、大井、金沢など各地のジョッキーも腕を競っている

中央所属の見習騎手による「ヤングジョッキーズシリーズ」が新たに開催される。騎乗機会が少ない若手騎手にとってはモチベーションも上がることだろう。予選となるトライアルラウンドでは、笠松や名古屋など地方競馬11場で、地方と中央の若手騎手5、6人がそれぞれ出場する。12月のファイナルでは大井（27日）、中山（28日）で2戦ずつを行って優勝者を決める。

参加基準など詳細は未発表だが、見習騎手とは、笠松の場合、免許取得から3年未満、あるいは80勝未満の減量騎手が対象か。笠松の若手といっても、生え抜きの20代は28歳の森島貴之騎手ただ1人。4月には、笠松でも10代の新人騎手がデビューする予定で、大きく羽ばたいてほしいものだ。

金沢からは今冬も多くの人馬が笠松、名古屋入りした。笠松では、昨年のラブミーチャン記念をヤマミダンスで制覇した青柳正義騎手をはじめ、沖静男騎手、栗原大河騎手の3人と競走馬約30頭が2月末まで地元勢と火花を散らす。金沢との交流を通して、笠松の騎手、馬不足も一時的に解消され、5日間連続の開催が可能となった。金沢のファンも笠松でのレースに熱視線を注いでおり、より引き締まった好レースが連日繰り広げられた。

若者や家族連れの姿

新春シリーズの初日には、2000人近くが笠松競馬場に来場し、若者や家族連れの姿も目立った。所属騎手のオリジナル年賀状のプレゼントをはじめ、騎手のサイン入りゴーグルや色紙が当たるガラポン抽選会もあり、多くのファンが列をつくった。場内の飲食店前は、「おいしそう」と、焼きそば、串カツや「当りもち」などを買い求める人でにぎわっていた。

場内の一角にある「勝運稲荷」で、馬券が当たるように祈ってみたが、さい銭が少なかったせいか、帰る頃にはお寒い結果に……。レース前には、必勝祈願で訪れるファンの姿も多いとか。有馬記念を2度制覇した笠松育ちの出世馬にあやかろうと、「パワースポット」でもあるオグリキャップ記念像前では、多くのファンの姿が見られた。

笠松競馬場内の飲食店では、来場者が「当りもち」などを買い求めていた

笠松競馬の次回開催は1月23日から5日間。26日には、かつてオグリキャップやラブミーチャンも優勝した、3歳馬の重賞レース「ゴールドジュニア」が開催される。冬本番を迎えて、競馬場では凍結防止剤をまいて走路の確保に努めている。

（2017・1・14）

場内の一角にある「勝運稲荷」

笠松にも待望の大型ビジョン

笠松競馬場内では、ファン待望の大型ビジョンの新設に着工した。設置場所は、内馬場にあるパドックの西側で、ゴール前約100メートル地点。3月までには完成し、装い新たな着順表示やレース映像が見られるようになる。

これまで使われていた着順表示板は、劣化による故障のため、交換部品がないまま半年以上も稼働していない。来場する笠松ファンやレース情報を伝える関係者らは、不便な思いを強いられてきた。15年12月、既に老朽化による表示の不具合が発生していたことから、大型ビジョン新設の意向が競馬組合から示されていた。予算の問題もあるだろうが、着順表示板とは、レース確定に極めて重要なものであり、ファンサービスを低下させないためにも、早急に取り組むべきであった。

競馬場に到着した熱心なファンは、馬券検討のポイントである最新の馬場状態の「良」「不良」や「重」「やや重」かをまず着順表示板でチェックする。レース発走後は、上位1～3番手を走る競走馬の馬番が点滅され、実況とともにレース展開がスタンドからもよく分かる。レースのラップや走破タイムの表示も大切だ。「笠松グランプリ」の1400メートル戦では、ラブバレットが1分23秒6のレコードタイムを出したが、着順表示板にタイムが表示されていれば、より盛り上がったことだろう。

笠松競馬場では「着順は場内のモニターでご確認ください」とのこと。全馬ゴール後のモニターには、代用の着順表示画面が映し出されるが、すぐに次のレースの馬体重表示に切り替わってしまう。レース確定後には、着順と払戻金が表示されるが、やはりモニターでは不透明な部分もある。レースでは、進路妨害による降着や競走馬の落馬などで「審議」となることがあるし、ゴールの瞬間が際どくて「写真判定」になる場合もあるからだ。

写真判定では、当たり馬券?を持つ人は、着順表示板があれば、「まだかまだか」と何度も見ることだろう。判定結果を待つ間のドキドキ感は、競馬ファンにとって、たまらない時間だ。中央などでも「ただ今、写真を拡大中です」というアナウンスが流れるような大接戦のケースには、5分近く待たされることもあり、「どっちだ」「もう同着でもいいや」といった声が飛び交う。勝ち負けが決まった瞬間には歓声が上がり、ため息が渦巻く。

パドック西側に建設中の大型ビジョン

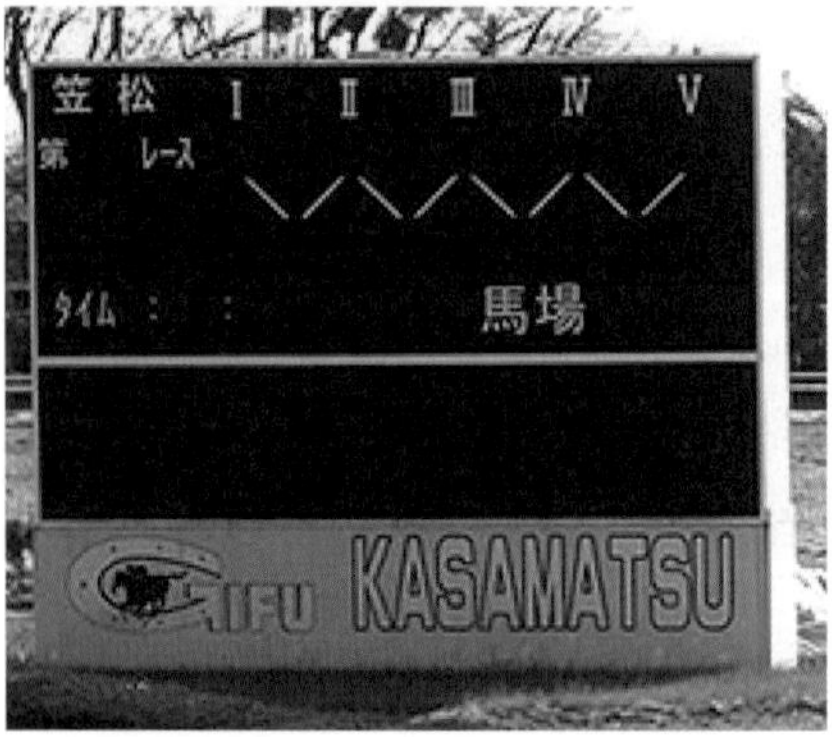

故障のため休止中の着順掲示板

　地方競馬の馬券販売は「競馬場で1割、場外で2割、ネットで7割」とまで言われるようになった。年々減少傾向にはあるが、笠松競馬場まで足を運んでくれる入場者は、真の笠松ファンである。着順表示板が故障中なら、たとえモニターであっても、せめてレースが確定するまでは、代用の着順表示を映し続けるべきだろう。

２０１６年末、カジノ法が成立、施行されて、ギャンブル依存症対策が焦点となったが、日本の競馬では、１９０８年から15年間、政府が賭博性などの問題から馬券禁止令を発令していたことがある。これに対して立ち上がったのが、中央のＧⅠレース「安田記念」にその名を残す安田伊左衛門さん（現在の海津市出身）である。「馬券を復活して、競馬が隆盛を極めるまで諦めない」と決意。愛する馬たちのために自ら代議士となって、禁止されていた馬券販売を再開させたのである。

「日本競馬の父」と呼ばれた安田さんは、日本ダービーを創設し、ＪＲＡ初代理事長を務め、約半世紀にわたり、日本競馬近代化の先頭に立って走り続けた。その間、「競馬というものは、競走の施行面でも、馬券販売でも『公正の保持』が最も大切」という信念を貫いた。

馬券復活に尽力した
安田伊左衛門さん

競馬は公営ギャンブルである。「公正の保持」とは、競馬運営の根幹に関わる問題である。競走の施行面では、レースに不正がなく、ゴール後の着順を決定することが最重要である。来場したファンにとっては、着順表示板によるレース「確定」のランプが点灯することを意味するものであろう。

笠松競馬場にとって、長年の懸案事業だった大型ビジョンの新設。発光ダイオード（ＬＥＤ）を使用した画面で、縦8メートル、横17メートルとなる予定だ。笠松競馬場では全国の地方競馬場で唯一、レース映像などを放映できる大型ビジョンがなかった。そういえば10年以上前になるが、笠松競馬場内でのアンケートで「大型ビジョンを設置してほしい」と要望したことがあったが、ようやくといった感じではある。これも競馬場関係者の努力による馬券販売黒字化のおかげであり、この状態が長く続くといい。

新設される大型ビジョン(右)と、これまで使われてきた着順掲示板(左)

完成すれば、特別観覧席の利用者や正面スタンドの観客を中心に、大いにサービス向上となる。土曜、日曜にJRAの馬券を購入するファンの期待も大きく、来場者の増加につながることだろう。楽しみな大型ビジョンを1開催でも早く設置し、迫力あるレース映像を大画面で見せてほしい。

(2017・1・20)

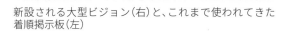

笠松競馬は永久に不滅です（上）〈２００４年「存廃の行方」㊤から〉

　インターネットによる馬券販売の好調さから、経営面での劇的な「Ｖ字回復」を果たしつつある地方競馬。しばらくはこの流れが続きそうだが、いつまた風向きが変わって逆風が吹き始めるかもしれない。そんな時のために、「競馬ができなくなるかもしれない」という瀬戸際まで追い詰められ、苦難の時代に耐えるしかなかった、かつての笠松競馬の「現場の底力」を紹介したい。

　バブル崩壊後、全国の地方競馬がバタバタと倒れ始めた。笠松競馬には「速やかに廃止すべき」と物騒な言葉が投げ掛けられ、現場の関係者を驚かせたことがあった。２００４年９月のことで、まだ赤字でもないのに廃止論が高まり、「あの時が一番苦しかった」と厩舎関係者。笠松競馬史上、最大のピン

新年最初の笠松競馬開催で、レース前のジョッキーに声援を送るファン

チを迎え、騎手、調教師、厩務員らは「仕事を奪われる」と危機感を募らせていた。

訪れた笠松競馬場内で目に飛び込んできたのが、「◎笠松競馬は永久に不滅です」の文字。場立ち予想屋の屋根に書かれていたもので、本命の◎付きが泣かせる。笠松を愛し、存続を願う「大口の単勝1点勝負」のようで、予想屋としての心意気が感じられた。学生時代に後楽園球場へ出掛けて、長嶋茂雄さんの引退式で聞いた「巨人軍は永久に不滅です」の名文句を思い起こさせ、笠松ファンとして心強く感じたものだ。

05年2月、「赤字には税金を投入しない」ことを条件に、笠松競馬は1年間の期限付きで存続が決まった。岐阜県知事のバトンタッチの時期でもあった。あれからちょうど12年。岐阜新聞で連載した「笠松競馬　存廃の行方」で、当時の動きを振り返ってみる。

■「笠松競馬　存廃の行方」㊤（2004・11・21付岐阜新聞）

万策尽きた経営努力

地方競馬の雄、コスト削減も「自力」に限界

「まだ累積赤字はない、笠松の灯を消さないで。民間参入で存続を」。名馬オグリキャップやダービージョッキー安藤勝己騎手を輩出した笠松競馬が、経営難で廃止の危機にひんしている。馬券受託販売に名乗りを上げたインターネット関連会社ライブドア（東京）の堀江貴文社長と面談した梶原拓知事は「限りなく廃止に近い状況」としながらも、民間参入実現に前向きな姿勢を示した。存続を願う騎手や調教師らの悲痛な訴えは届くのか。揺れる笠松競馬の存廃の行方を追った。

レース開始を告げるファンファーレの音色

もどこか哀愁を帯びて聞こえる。「地方競馬の雄」と称される笠松競馬。中央競馬の重賞レースでも数々の好成績を収め、人馬ともに笠松ブランドの商品価値はまだまだ高い。９月初めには公募で「名馬・名手の里　ドリームスタジアム」と愛称も決まり、馬と触れ合える娯楽施設として家族連れや若者へのファン層拡大を図ろうとしてきた。

２００４年には、存廃の行方が注目されていた笠松競馬。日曜、祝日には家族連れや若者の姿も目立った

　そんな中、関係者やファンに激震が走った。県の第三者機関「笠松競馬経営問題検討委員会」がまとめた中間報告は「経営は既に構造的に破たんしており、競馬事業を速やかに廃止すべき」という内容で、年内にも最終報告が出される。

　調教師と騎手でつくる県調騎会は「みんながパニック状態。中央からの転入馬や2歳馬は来なくなった。危険を伴う仕事への（金銭的な）見返りも減って、騎手や厩務員は離れていく」と現状を嘆く。

　笠松競馬はバブル経済崩壊後の１９９３年度から単年度赤字が続く。58億６９００万円あった基金も取り崩し、昨年度末には５億５５００万円に減った。本年度の馬券発売金額も73・2％（対前年度比）と落ち込み、基金は来年3月までに底をつく見通し。

　地方競馬の本来の目的は地方財政への寄与。数字だけ見れば「廃止」の2文字しか浮かんでこないが「競馬には長い歴史があって、地方財政に貢献した良い時もあった。赤字に

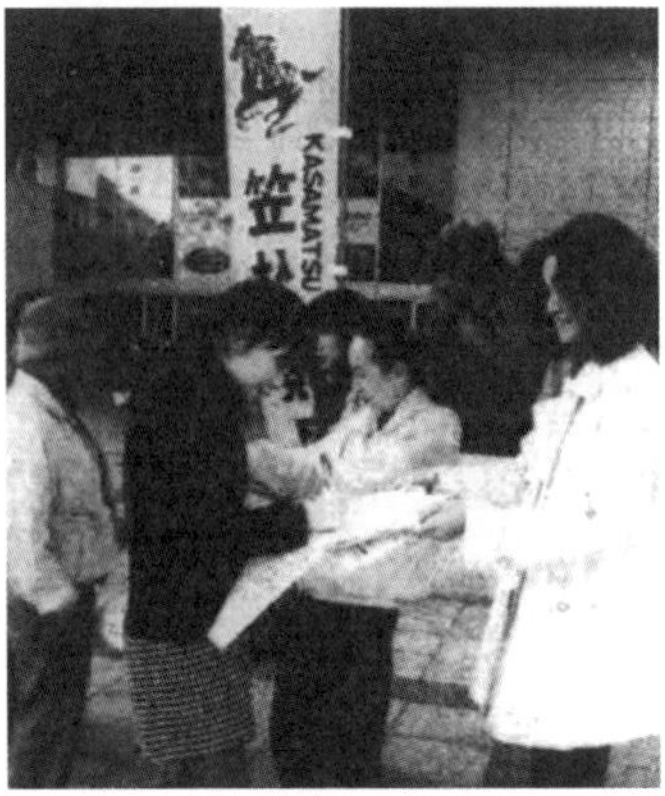

2004年、名古屋市の金山総合駅でも行われた笠松競馬の存続を願う署名活動

なったから切り捨てるのはどうか」と語るのは競馬評論家の原良馬氏。委員を務める「名古屋競馬のあり方懇談会」でのコメント。名古屋競馬は既に約40億円の累積赤字を抱え、存廃問題が浮上している。

全国の地方競馬はここ3年余りで新潟（新潟県）、宇都宮（栃木県）、足利（同）、中津（大分県）、益田（島根県）、上山（山形県）の計6主催者が赤字経営で廃止または撤退に追い込まれた。

累積赤字はない笠松。「民間参入の動きもあり、議論が尽くされていない」と生活に不安を募らせる調教師や騎手たち。その家族でつくる笠松愛馬会は「かつては244億円もの収益を県や町に納付し、災害復旧や県民の生活に貢献してきたのに」と署名活動で存続を訴える。全国からの署名の数は約8万人に達した。

県は本年度、地方競馬対策室を新設し、存続の可能性を模索。コスト削減策として競走馬の賞金を25％カット、馬券販売窓口のパート女性らの期末手当を廃止した。「地方競馬は日本の競馬を支えている」と地方・中央の事業一元化を農水省などに訴えてきたが、抜本的な財政支援はなかった。自力での経営努力は限界に達し「刀折れ矢尽き」（梶原知事、9月県議会）、危機的状況に陥った。

（2017・1・27）

笠松競馬は永久に不滅です（中）〈２００４年「存廃の行方」㊥から〉

笠松競馬存続への道を懸命になって切り開いたのは、調教師の妻たちを中心とした「愛馬会」、地元のファン有志による「笠松けいばサポーターズ倶楽部」、全国のオグリキャップファンたちだった。まだ赤字でもないのに廃止へと突き進んでいく「お役所競馬」には任せ切れないとばかりに、「競馬場を買ってください」などという大胆なお願いで、切実な思いを全国にアピールした。

当時、各地での競馬事業参入に意欲を見せていたライブドアが、笠松にも興味を示してくれて、結果的に「笠松競馬存続」への大きな役割を果たしたといえる。存続派にとっては、「速やかに廃止すべき」という流れを食い止める時間を稼ぐことができたからだ。「赤字分の穴埋めまではできない」と、笠松

へのライブドア参入は実現しなかったが、経営改善による「1年間の期限付き存続」にはつながったといえる。

2005年4月、笠松競馬復興を後押しするため、里帰りしてファンに雄姿を見せたオグリキャップ

■「笠松競馬　存廃の行方」㊥（２００４・11・22付岐阜新聞）

民間参入に再建期待

ライブドア社長、黒字転換に自信示す

存廃の土俵際に立つ地方競馬は、大きな転換期を迎えようとしている。来年1月1日施行の改正競馬法は馬券販売や警備のほか、経営面でも民間参入の門戸を開こうとする画期的な内容。笠松競馬の経営再建に名乗りを上げているインターネット関連会社ライブドア（本社東京）への追い風となって、存続への救世主となることができるのか。同競馬場をめぐる動きは慌ただしくなってきた。

19日、政府が政令で決定した改正競馬法の内容は、地方競馬にとってはまさに「サプライズ」。レース日程や出走馬の決定、審判といった競馬の主催業務を、公益法人が民間委託できるように定めた。仮にライブドアが自治体と公益法人を共同設立すれば、競馬運営そのものに関与できる可能性が出てきた。

大きく踏み込んだ内容は、国もようやく重い腰を上げて地方競馬に救済の手を差し伸べたといえる。日本中央競馬会（ＪＲＡ）の売り上げ減や北海道の馬産地への影響にも危機感を抱いて、地方・中央の共存共栄を図る構造改革となるか。

16日に行われた梶原拓知事とライブドアの堀江貴文社長の面談は、笠松競馬の存続を訴える馬主、調騎会や愛馬会の支援で実現。「堀江コール」で迎えてバラの花束も贈った。立ち会った馬主によると、梶原知事は「赤字にならなければ廃止にする必要はない。『丸投げ』でも赤字分の経営責任も背負ってもらえれば」とライブドアの参入に前向きな姿勢を

笠松競馬 存続に光
ライブドアが支援の意向
ネットで馬券販売など
梶原知事、前向き

2004年11月17日付
岐阜新聞

示したという。

　プロ野球参入の「仙台決戦」では敗れたライブドアだが、知名度急上昇で9月期連結決算では過去最高益。赤字経営に苦しむ全国の地方競馬からは、崖っぷちでのラブコールが相次いでいる。人気馬ハルウララのブームで昨年度は12年ぶりに黒字転換した高知競馬とは、広報活動などの提携に合意した。

　自ら馬主も務め、競馬経営に興味を持つ堀江社長。数ある新規ビジネスの一つに過ぎないが、自社のポータルサイトへの顧客増を背景に「地方競馬は情報量が少なすぎる。インターネットでの馬券販売では出走表を充実させ、ライブ映像を配信」と競馬ファン獲得に意欲。笠松のレベルの高さを評価し「競争力のある競馬場にできる」と黒字転換に自信を示した。

　今後の話し合いでは、業務の委託手数料などコスト水準の枠組みづくりが課題となる。参入が実現すれば、経営改善努力を続けてきた主催者との運用面での連携が第一。改正競馬法の効果は未知数だが、赤字経営脱却を図る大きなチャンスであり、民間企業の斬新なアイデアが売り上げアップにつながる可能性を秘める。

　ＩＴ先進県とＩＴ界の「風雲児」はウマが合うかどうか。お先真っ暗だった笠松競馬の先行きに、一条の光は見えてきた。

（２０１７・２・１）

笠松競馬は永久に不滅です（下）〈2004年「存廃の行方」㊦から〉

■「笠松競馬　存廃の行方」㊦
（2004・11・23付岐阜新聞）

存続へ「変革」の好機

公益法人化、特区構想……アイデア次々

「私たちは馬しか知らない。調教師や騎手が免許を取り上げられたら何ができるのか。国が改正競馬法で公益法人化による民間参入のゲートを開いてくれたんだから、それを拒まないでほしい」と存続を訴える厩舎関係者たち。

競走馬の賞金額カットなどでぎりぎりの生活に耐えてきた。「賞金額は既に最低レベル。家族もいて、もうこれ以上は無理」と東川公則騎手会長。今春のオグリキャップ記念優勝のミツアキタービンが年明けには復帰。「ぜひまた騎乗したい」と笠松・夢舞台が続くことを切望する。

23日は安藤勝己、武豊の両騎手も騎乗する全日本サラブレッドカップ（GⅢ）が行われる。笠松の騎手たちの魅力をファンにアピールしようと、勝負服の柄が入ったTシャツなどの販売も実施。競馬グッズプレゼントやバザーを行ってきた笠松愛馬会の後藤美千代代表は「法改正もあって笠松は変わるチャンス。温泉施設なども備えて、もっと楽しめる場所にすれば、県の観光にもプラスになるはず」

と存続に期待を込める。

県調騎会では、山下清春会長が「ライブドア参入では、話し合い継続ということで明かりが見えてきた」と胸をなで下ろす一方、「思い切った改善策もないまま基金を取り崩して（さあ廃止では）道義的におかしい」という憤りの声もある。

笠松競馬に携わる人は約1100人。厩務員、装蹄師《そうていし》のほか場内の売店、周辺商店街、飼料業者らにも存廃問題は影響する。平日のファンは高齢者が多く「自分たちの居場所がなくなる。たった一つの楽しみを奪わないでくれ」とつぶやく。日曜・祝日には「馬が近くで見られるし、食べ物もおいしい」とレジャー感覚で来場する若者や女性グループも増えた。

「レースを面白くするためには笠松と名古屋のブロック化が必要」と関係者。3連単など新馬券導入時の発券機統一（半額補助あり）や、レース編成の一本化による人件費の削減を提案。ファンによる黒字化アイデアでは、個人名などが入った冠レースの実施や馬のテーマパーク化のほか、笠松・JRA連携の「競馬特区」構想を国に申請した有志たちもいる。

全日本サラブレッドカップを制覇し、存続に向けて笠松を勇気づけた安藤勝己騎手

今シリーズの開催も始まり、経費を切り詰めての売り上げ振興やファンサービスに努力する県地方競馬組合。構成団体の羽島郡笠松町、岐南町では民間参入の動きを歓迎するとともに、存続策を模索している。

約70年の歴史がある笠松競馬。岐阜県スポーツ栄誉賞にも輝いた名馬オグリキャップは中央のエリート馬を次々と倒した。地方馬にも中央のクラシックレースの門戸が開かれた交流元年に疾走したのはライデンリーダー。地方から初めて中央入りして活躍する安藤勝己騎手。笠松の人馬はいつも地方競馬の先頭を走って、中央の厚い壁に風穴を開けてきた。

存続を願う地方・笠松からの悲痛な叫びは中央・農水省などを動かした。ライブドアの出馬で、公益法人設立による民間参入は実現するのか。全国の注目を浴びる笠松競馬の存廃の行方は地方競馬、中央競馬、馬産地の将来も背負っている。

存廃レース、生き残った（存続までの歩み）

全日本サラブレッドカップを中央馬ディバインシルバーで優勝し、ファンを熱狂させた安藤勝己騎手。シンポジウム「笠松競馬を未来につなげるつどい」にも参加し「今の自分があるのは笠松のおかげ。存続のために後押しを」と協力を呼び掛けた。

04年11月末、検討委員会の最終報告でも「競馬事業を速やかに廃止すべき」とされたが、付記事項として「民間企業参入」の道筋が残され、存続に望みがつながった。ライブドアのほか、北海道の競走馬生産者も公益法人設立による経営参入に前向きな考えを示した。

05年1月中旬、騎手、調教師、厩務員らによる笠松競馬存続委員会がようやく立ち上げられ、現場の足並みがそろった。赤字を出さないための大幅な経営改善策では、年間約7億円の経費削減を迫られた。民間参入については「赤字補てんの考えがないライブドアが参入しても、存続できない」とする結論が対策委員会から出され、極めて厳しい状況に追い込まれた。岐阜県知事の交代時期でもあり、赤字化で「負の遺産」となりそうな競馬事業を、新年度に残したくなかったのかもしれない。

流れは「廃止」に大きく傾いていたが、最後は現場の底力が発揮された。騎手や厩舎関係者は「自分たちには、競馬しかない」と、レース賞金や手当が大幅カットされた経営改善策を受け入れたのだ。存続への情熱が一つになって、存廃レースでの生き残りをつかんだ。

2月初め、県と笠松町、岐南町の首長による3者協議が開かれ、笠松競馬は「1年間の期限付き存続」が決まった。これは、プロ野球選手でいう単年契約であり、1年後に赤字転落なら「即廃止」となる試験的なものだった。その後も騎手や調教師らは、さらなる経費削減策に耐えながら、1年ごとに赤字を出さないことに全力を尽くし、存続の道を必死に走り続けた。

2005年3月、「存続署名ありがとうレース」の後、ファンに感謝の気持ちを伝える存続委員会の岩崎幸紀代表（左）と騎手たち

名馬、名手の里・笠松競馬は永久に不滅である。若い調教師たちの夢は大きく、全国、さらには世界で戦えるような強い馬の育成に燃えており、ファンはスターホースの出現を待っている。

（2017・2・4）

オグリキャップ「仕事の流儀」とは

ＮＨＫの人気番組「プロフェッショナル　仕事の流儀」で、芦毛の怪物と呼ばれた伝説の名馬オグリキャップが特集された「ただ、ひたすら前へ」が放送される。これまで第一線で活躍する仕事人たちに

2005年、笠松競馬に一時里帰りで到着したオグリキャップ

密着取材してきたが、今回は特別企画となる。

２０１６年12月初め、「オグリの里」を読んだというＮＨＫディレクターから「キャップの笠松時代の写真がないですか」と連絡があった。岐阜入りして笠松などで取材を進め、放送予定の「プロフェッショナル」の資料にしたいということだった。だが、当時の笠松には強い馬がごろごろいたし、まだ2歳馬だったキャップの写真は少なかったため、笠松時代の全レースを解説した関連本などを資料提供した。

キャップは１９８７年5月、笠松でデビューし今年で30周年。笠松時代のハードな調教で鍛えられて実力が開花。血統や生まれ育った環境などの「格差」を乗り越えて、中央移籍後もエリート馬を次々と倒

し、有馬記念などGI4勝を飾った。番組では競走馬の仕事の流儀として、キャップの「走り」に迫る。

調教師や騎手、馬主たちの証言では、ラストランの有馬記念でオグリコールを浴びた武豊騎手や、昭

1990年の有馬記念で、武豊騎手を背にパドックを周回するオグリキャップ

和最後の名勝負でタマモクロスとの芦毛対決を制した岡部幸雄元騎手らが、キャップの格好いい生き方や心がぶれない仕事ぶりを語る。

笠松時代では、キャップを育てた鷲見昌勇元調教師をはじめ、主戦の安藤勝己元騎手、デビュー戦と3戦目に騎乗した青木達彦元騎手（現調教師）らが、調教でキャップを鍛えた思い出などを語る。初代馬主だった小栗孝一さんの家族からも、キャップへの熱い思いが伝えられる。中央入りした時点で、競走馬としての完成度が高かったことから、笠松時代の様子やレースぶりも手厚く放送され、番組全体の3分の1ほどになるという。人間以外に、競走馬のプロ意識がNHKの「プロフェッショナル」に取り上げられ、キャップが第1号となることには、笠松の関係者も光栄に感じることだろう。

キャップの競走馬としての仕事の流儀とは何だったのか。番組とは別に笠松からのファン目線で見つめてみた。

走る姿に「勇気をもらった」

血統以外の面で、走りのキーワードになるのは芦毛対決、武者震い、低姿勢、GⅠ連闘、ゴール板などだ。多くのファンが、最後まで諦めないで懸命に走る姿に「勇気をもらった」「感動した」と語っているように、ひたむきな走りは大きな共感を呼んだ。地方出身で都会に暮らす競馬ファンも、自分の境遇と重ね合わせて「頑張ろう」という気持ちにさせた。キャップは、どこか人間に近い存在で、他の日本の名馬たちよりも「強い精神力」を感じさせるものがあった。

芦毛対決は笠松で始まった。デビュー戦でキャップが敗れた宿敵マーチトウショウとの「ワンツー」は計6度もあり、キャップの4勝だった。中央デビュー戦では、同世代を子ども扱いにした勝ちっぷりで、既に古馬のような風格があった。この頃は、ゲートインの際にブルブルッと首を振って武者震いを

ラストランとなった1990年の有馬記念を制覇したオグリキャップ

していたのが印象的。地方出身の野武士が、中央のエリート馬を相手に闘志を高ぶらせて、剣豪のような勇ましさを漂わせていた。

頭のいい馬で「ゴールがよく分かっていた」と語っていた鷲見調教師。笠松では、3コーナーへの下り坂辺りからが勝負どころ。キャップは、名手・安藤勝己騎手らのゴーサインに鋭く反応。頭を低くして地をはうように沈み込んだ「低姿勢」から筋肉を躍動させる独特のフォーム。4コーナーを回って先頭に立つと、若さから遊ぶようなところもあったが、騎手が気合を入れ直すとゴールに向かって一直線。ゴール板の位置は、鍛え上げられたしなやかな肉体が、「体感」として自然と覚え込んでいた。まさに「プロフェッショナル」といえるレース感覚だった。

笠松仕込みのプロ意識は、中央でもパワー全開。89年秋の毎日王冠とマイルCSはハナ差で制覇。まさにゴール板の位置を知っていたといえる鮮やかな差し脚で根性を発揮した。マイルCS→ジャパンカップのGI連闘では「酷使しすぎだ」という批判の声もあったが、「キャップは本領を発揮してくれる」と信じていた。笠松時代、デビュー戦から2、3戦目は中1週だったし、10月の中京盃はJクラウンからほぼ連闘で圧勝していたからだ。結果は、芦毛のホーリックスに迫り、2400メートルを2分22秒2の世界レコードで、2着に食い込んだ。単複の「がんばれ馬券」で応援し、感動と絶叫のジャパンカップだった。

馬主、調教師、騎手たちの情熱

キャップは2010年に天国に旅立ち、小栗さんも15年に亡くなられた。鷲見調教師は、母ホワイトナルビーの時代から、小栗さんとの名コンビでキャップを育て上げ、笠松時代の12戦で「ほぼ完成された馬」として、中央に送り込んだ。

キャップが中央で重賞5連勝を飾っていた1988年8月。鷲見調教師は「最初に見た時、これはいける馬だとピーンときた。またがった感じが、他の馬とは全然違った。車でいえば外車かクラウンといったところ。全身バネで硬さがないんですよ。レースに出れば勝つこと以外知らん馬でした」と。

1987年11月、笠松時代のオグリキャップ。中日スポーツ杯を圧勝し、喜びの（左から）小栗孝一さん、鷲見昌勇調教師ら

「キャップを笠松だけで終わらせたくなかった」と愛馬を中央に手放した小栗さんは「今でも自分の子どものように思っている。誰が見ても日本一の馬ですよ」と活躍を喜んでいた。

引退から26年。キャップの競走馬としてのプロ根性を生んだのは、「中央馬にも負けない馬をつくるんだ」という笠松の馬主、調教師、騎手たちの情熱だったのではないか。「地方馬の天下取り」という出世物語は、国民的アイドルホースとなる条件であり、今回「プロフェッショナル」に取り上げられたことは、最高の名馬の証しだ。キャップほど、ドラマチックな競走生活を送り、世代を超えて語り継がれるスターホースはもう出現しないだろう。

（２０１７・２・９）

「職業　競走馬」だったキャップ

「職業　競走馬」という格好いい響き。笠松から中央へと、大きな格差と厚かったはずの壁を、口笛を吹きながら?淡々と駆け抜けたオグリキャップ。

2005年、笠松競馬復興の救世主として里帰りしたオグリキャップのセレモニーで笑顔を見せる初代馬主の小栗孝一さん（右）

その名馬の仕事の流儀に迫ったＮＨＫ「プロフェッショナル」。スポーツ心臓や「ＯＮとＯＦＦ」の切り替えなど幅広い視点で、競走馬の「プロのアスリート」としての魅力が伝えられた。オグリキャップファンの多さが再認識でき、若い世代や普段は競馬をやらない人からの反響も大きかった。

　全編を通じて、初代馬主・小栗孝一さんのキャップへの愛情があふれていた。妻の秀子さんや長女の勝代さんから、小栗さんの生い立ちや愛馬を手放した複雑な思いを聞くことができた。

　血統は二流とされたが、「笠松で、１６００メートルまでよく走る馬を」と、父ダンシングキャップに母ホワイトナルビーの子を望んだ小栗さん。この配合での決断があったからこそ、キャップというスーパーホースが誕生した。中央入り後も「自分のオグリの名前が残ってくれただけでもうれしい」と、キャップが出走するレースは全て競馬場に足を運んだ。ラストラン前には「これでは、終わらない」と愛馬を信じ、1着でのゴールとオグリコールに「ありがとう」のひと言。時を超えて、天国に旅立った人馬は再会を果たしたに違いない。

淡々とぶれないで仕事をこなした

キャップに名手が乗れば、負けるはずがなかった。笠松時代に騎乗し、7連勝した安藤勝己さんは「（1度抜かれてのハナ差勝ちに）負けたくないという意地や根性があった」。1988年の有馬記念を制した岡部幸雄さんは「いつも通り淡々とぶれないで仕事をこなした。ゲート前での武者震いに安心した」。90年の有馬記念で有終の美を飾った武豊騎手は「前のレースでわざと負けてストーリーを描いたかのようで、人を引きつける魅力的な馬だった」。名手それぞれの証言には重みがあった。ラストランの有馬記念のように、パドックでもグイグイと引っ張る姿を見せて気持ちが前向きな時は本当に強かった。

キャップが笠松でデビューした当時の様子も、鷲見昌勇元調教師、青木達彦元騎手や装蹄師の証言で聞くことができた。普段はダラーとしていて走らなくても、実践では沈み込む重心の低い走りで強さを発揮。笠松仕込みの調教、レース間隔が中央での活躍につながった。オグリキャップ像やキャップが育った厩舎の馬房も登場し、笠松発のサクセスストーリーを実感できた。

キャップ最後の産駒で、繁殖牝馬のミンナノアイドルは10歳。長男ストリートキャップが中央でまずまずの活躍を見せており、順調なら5月にも次男が誕生する予定だ。安産祈願のお守りをいっぱい手にした牧場生産者の佐藤信広さんの願い通り、元気な子馬が生まれるといい。キャップとローマンという中央のGⅠ馬2頭を生んだ、地方馬としては奇跡的だったホワイトナルビーの良血を脈々と受け継いでいってほしい。

中央競馬GI優勝は最初で最後

中央GI「フェブラリーS」は2月19日、東京競馬場で行われる。ダートレースで、1998年からGIに昇格し、かつては地方馬が挑戦することも多かった。もしキャップが出走できていたら、アグネスデジタルのように芝、ダートの両方でGI制覇を果たしていたことだろう。笠松勢では、ミツアキタービン（東川公則騎手）が2004年に、1着アドマイヤドン（安藤勝己騎手）から0・2秒差の4着と大健闘した。

オグリキャップ最後の産駒ミンナノアイドルと、佐藤牧場（北海道）生産者の佐藤信広さん

2016年の笠松グランプリをラブバレットで制覇した菅原勲調教師。騎手時代には、フェブラリーSをメイセイオペラで優勝している

99年には岩手のメイセイオペラが、菅原勲騎手の好騎乗でフェブラリーSを制覇した。地方所属馬の中央競馬GI優勝は最初で最後。菅原騎手のGI制覇も、地方騎手として唯一の快挙となっている。

メイセイオペラは2016年、22歳で亡

くなったが、地方競馬全体を盛り上げた功績がたたえられ、イナリワン（大井から中央移籍、GI3勝）とともにNARグランプリの特別表彰馬に選出された。地元・岩手などでは、メイセイオペラの記念碑建設に向けた募金活動も行われている。

菅原騎手は地方競馬通算4000勝を達成し、現在は調教師として活躍中。16年11月の笠松グランプリでは、管理するラブバレット（山本聡哉騎手）で圧勝。笠松の地で優勝インタビューを受ける菅原調教師の姿は感慨深いものがあった。「スピードが持続でき、1200から1400（メートル）が良さそう。笠松グランプリにはまた来て3連覇を目指したい」とラブバレットの成長を期待。1600メートルのフェブラリーSへの出走には至らなかったが、今後もダートグレード競走などで地方競馬を盛り上げてほしい。

フェブラリーSは大混戦。2014、15年を連覇したコパノリッキーには武豊騎手が騎乗。このコンビでGI4勝と相性抜群で、先行してリズム良く走れば実績上位で怖い存在。ここ4戦連続2着と「シルバーコレクター」の雰囲気が漂うベストウォーリアに、末脚勝負のサウンドトゥルー、カフジテイク、ノンコノユメも有力。

このほか、16年に開業したばかりの寺島良調教師（岐阜県北方町出身）が管理するキングズガードもフェブラリーSに挑戦。1月の根岸S（GⅢ）では、最後方から4着に食い込んでいる。寺島厩舎としては初めてのGI挑戦となり、高配当が期待できる1頭として注目したい。（2017・2・18）

☆フェブラリーS・レース結果　①ゴールドドリーム
②ベストウォーリア③カフジテイク

地方競馬、V字回復

地方競馬では「地殻変動」ともいえる画期的な動きがある。ナイター開催の高知競馬の馬券販売額が、1日3億円または4億円を突破する日も珍しくないのだ。ナイターだから、平日の入場者は仕事帰りのファンら300～400人と少なく、大半は自宅などでのインターネット投票によるものだ。

笠松競馬でも馬券販売は1日2億円前後となり、3億円売れる日もある。1億円前後に落ち込んでいた数年前までに比べて倍増。前年度比でも20％以上の伸びを続けており、4年連続の黒字は確実。苦しい時代に耐えて生き残った各地方競馬は、うれしい「V字回復」を遂げている。

高知競馬といえば、最悪だった頃の1日の販売額は4000万円程度で、笠松以上に厳しい経営状況だった。2004年には廃止寸前にまで追い込まれていたが、関係者が一丸となって「ハルウララ」というアイドルホースを登場させた。100連敗以上

馬券販売が伸びている笠松競馬。ゲートオープンで飛び出す競走馬に声援を送るファン

で1度も勝ったことがないことを逆にアピール。その連敗記録とアンバランスな愛らしい馬名が全国の競馬ファンのハートを射止めた。

外れ馬券を「交通安全のお守り」

ハルウララが出走した2004年3月の「YSダービージョッキー特別競走」には武豊騎手が騎乗し、起死回生の一撃となった。ハルウララの単勝馬券は「当たらない」ことから、外れ馬券を「交通安全のお守り」にしたファンも多かった。頼まれた分も含めて、笠松場外で単勝馬券を100円ずつ10枚、馬連でも流して買った覚えがある。連番10枚なら下1桁が必ず当たる宝くじよりも、はるかに当たる可能性が低い馬券だった。

結果は10着に終わったが、ハルウララが特効薬となったこのレースの馬券販売額は何と5億円を突破。単勝馬券も約1億2000万円と、中央の重賞レース並みに売れた。入場者は1万3000人を記録。この年、高知競馬はハルウララ効果で何とか黒字を確保し、存続につながった。

あれから13年、見事な復興を遂げた高知競馬。1月25日の実績で比較してみると、笠松の入場者は816人で、馬券販売額は約1億9000万円。同じ日、高知競馬は入場者376人だったが、馬券販売額は約4億9300万円と爆発的に売れた。園田競馬が1617人で約2億8600万だったことか

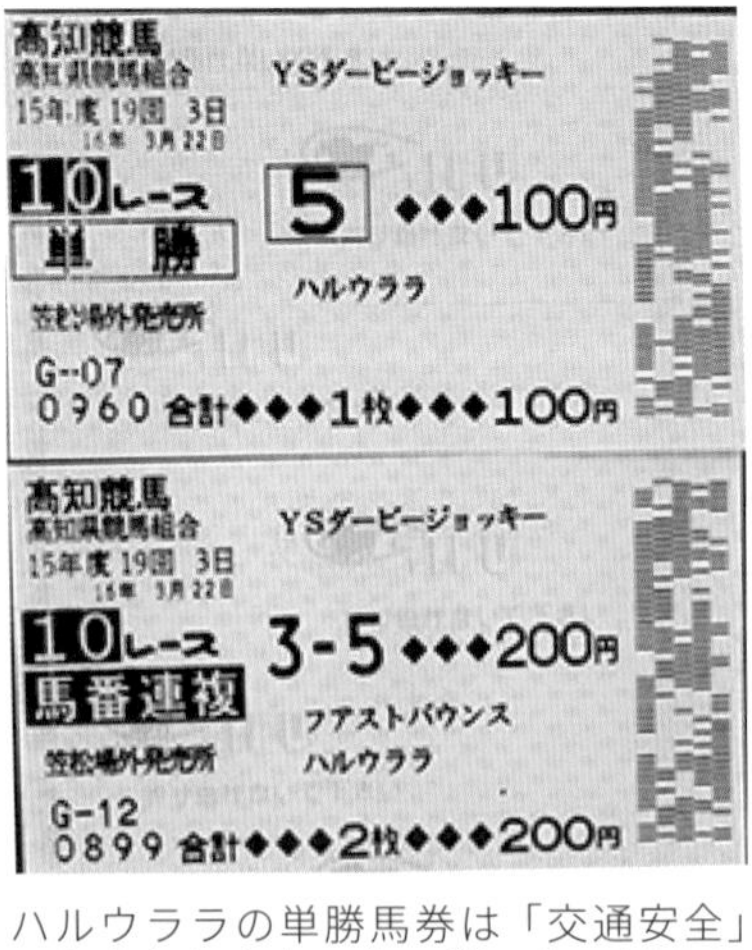

ハルウララの単勝馬券は「交通安全」のお守りにもなった。勝ったのはファストバウンスで、馬連も外れ馬券に

らしても、高知は突出していた。

この数字は２００９年に始まった「夜さ恋ナイター」と、インターネット投票の連携でたたき出されたものだ。ＪＲＡ「ＩＰＡＴ」による地方競馬向けネット投票が威力を発揮。冬場は南関東や門別でのナイター競馬が休止にもなり、高知がナイターファンの受け皿となっている。日曜日には、中央競馬終了後の午後４時半ごろから地方競馬に連動し、ネット投票のお客さんが急激に増える。「中央のレースでの負けを取り返したい」と熱くなったファンが、地方競馬にも手を出すパターンも多いだろう。

「夜さ恋ナイター」とインターネット投票で、Ｖ字回復を遂げている高知競馬

馬券のネット販売は、オッズパーク、楽天競馬、ＳＰＡＴ４もある。05年、ライブドアが、笠松競馬への民間参入の一環としてネット販売を狙っていたが（実現はならず）、その頃から出馬表などを充実させることで、地方競馬のネット投票は急速に普及していった。一昔前は、馬券は競馬場でしか買わない馬券おやじも多かったが、今は家でごろりとなってネット競馬を楽しむ時代になってきた。

馬券革命ともいえるネット投票

高知競馬での「売り上げ10倍増」など馬券販売額の急激な右肩上がり。先行きが怖いほどの地方競馬の回復傾向だが、地方・中央が連動した馬券革命ともいえるネット投票は、なぜこれほどまでに伸びているのか。

一因としては、慢性的だった不況感が和らぐとともに、インターネット世代による高齢化社会が本格化したことが挙げられるのでは。笠松など平日開催が基本の地方競馬ファンの多くは高齢者で、ゆとりのある時間とそこそこの馬券代を持ち合わせている。ネットを楽々と使いこなす年代にもなり、競馬を手軽に楽しむ人が増えたということだ。「土曜、日曜の中央競馬だけでなく、平日も競馬を」という若者を含めたファンが、地方競馬のネット投票に流れているのだ。

ネット投票にはライブ映像が付きものだ。パソコンやスマホでの動画配信もあるが、スカパーの「地方競馬ナイン」では、名古屋、園田、高知、門別などのライブ中継を、年間を通して全レース放送している。笠松競馬のスカパー中継はこれまで、オグリキャップ記念などビッグレースに限られていたが、他場と競合しない月曜、金曜の中継が始まった。火曜から木曜には、園田での開催が多いが、笠松の中継もあれば、両方の馬券を買うファンも多いはずだ。馬券販売のアップにもつながるはずで、笠松競馬の全レース中継を期待したい。

ナイターといえば、午後9時以降に7レースほどが無観客で行われ、電話やネット投票のみの「ミッドナイト競輪」も全国的に好調のようだ。名古屋競馬は2016年末、愛知県弥富市への移転計画がほぼ決まり、ナイター開催案も浮上している。笠松では、健康を兼ねて昼間のレースに足を運ぶ競馬場派のファンがまだまだ多い。ナイターでは入場者の激減は避けられないし、駅や住宅街も近いことから夜間開催には問題も多い。経営改善による施設改修が進んでも、笠松ではナイター競馬が行われることはなさそうだ。

（2017・2・27）

ピザ店長から転身、笹野調教師が最多勝（笠松・優秀者表彰から）

笠松競馬の2016年「騎手等成績優秀者表彰」が行われ、141勝を挙げてリーディングを獲得した佐藤友則騎手、2位の向山牧騎手ら9人の活躍や貢献をたたえた。調教師は3人が受賞。121勝でリーディングトップの笹野博司調教師、2位の川嶋弘吉調教師、3位の後藤正義調教師が栄誉を受けた。

開業5年目でリーディングトレーナーとなった笹野調教師は43歳。元ピザ屋の店長というユニークな経歴の持ち主だ。小学生の頃、競馬ファンだった父親に連れられて行った笠松競馬場で、疾走する競走馬の姿に魅せられて、憧れを持つようになった。

21歳から7年間ピザ屋に勤務。やがて店長にまでなったが、「人生は一度きり。好きなことを仕事にしたくて」と、それまでは競馬ファンの一人だった

笠松競馬の騎手等成績優秀者表彰。121勝でリーディングトレーナーに輝いた笹野博司調教師らの活躍をたたえた

が、03年に29歳で笠松の厩務員に転職。勇気のいる決断だった。当時、笠松競馬は存廃問題で揺れ始め、現場から離れていく関係者もいたが、「調教師の志望者は少なく、逆にチャンスでは」と前を向いた。

トウホクビジンが重賞制覇

馬と接するうち、「自分の思うような競走馬をつくりたい」との思いが強まった。12年5月に地方競馬の調教師免許試験に一発合格し、念願の調教師になった。6月にカネトシグレースで初勝利を飾ると、8月には、「鉄の女」とも呼ばれたトウホクビジンが重賞レース・姫路チャレンジカップ（川原正一騎手）を制覇した。トウホクビジンは、国内の重賞最多出走記録「130」を持ち、現存する全ての地方競馬場を駆け抜けた。9歳まで163戦に出走し、笹野調教師は「思い入れが強い1頭で、丈夫な馬だった」と、2年前の笠松での引退レースでねぎらった。

手応えを感じながら少しずつ勝利を積み重ねた。ちょうど開業2年で通算100勝を達成し、「もっと時間がかかると思っていたが、馬主さんやファンの皆さんのおかげ。故障などに気を付けて、馬を完調で出走させることを心掛けたい」と感謝。やがて「最多勝利調教師になりたい」という夢が膨らんだ。

ピザ屋の店長から競馬の世界に飛び込んだ笹野博司調教師。2012年にはを管理するカネトシグレースで初勝利を飾った

2年目の54勝（リーディング8位）から、4年目に62勝（同3位）、16年には一挙に勝ち星を倍増させて、ついにリーディングトレーナーの座をつかんだ。

笠松の調教師は騎手出身者が多いが、ここ1、2年の笹野厩舎の躍進ぶりはすごいものがある。「最近、出走馬が多くなったなあ」と感じてはいたが、当初1頭から始めた管理馬が48頭にも増えていたとは……。16年は笠松など全国の競馬場で計890レースに参戦。17年も2月までに29勝を挙げるハイペースで、笠松のトップを快走している。桜花賞馬オグリローマンのひ孫メディタレーニアン（牡4歳、母サンマルミッシェル）も管理する1頭で、5勝を挙げている。

オーナーやお客さんに、おいしい思い

調教師という仕事は、強い競走馬を育成することが第一だ。そして「馬と人」のつながりの中では、騎乗依頼などの面で、馬主や騎手たちとの調整能力も必要となる。ピザ屋の店長から、競馬の世界にチャレンジし、38歳で調教師になった。異業種ではあったが、きっと、ピザ屋で働いていた頃に培った「サービス精神」や「営業力」などが、今の仕事にも生かされているはずだ。「オーナーやお客さんに、おいしい思いをしていただく」ということでは共通点もあるのだろう。

笹野調教師にとって、全国の重賞競走のほか、JRAのレースにも所属馬を参戦させて、初勝利を挙げることが大きな目標となりそうだ。笠松ファンにとっても頼もしい調教師で、今後も「おいしい馬券」を運んでくれることだろう。

（2017・3・6）

最多勝記録に挑む佐藤騎手、向山騎手（笠松・優秀者表彰から）

騎手の優秀者表彰では、141勝を挙げて悲願のリーディングジョッキーに輝いた佐藤友則騎手が2年連続の受賞。2位の向山牧騎手は4年連続7回目の栄誉となった。

2016年の騎手、調教師ら成績優秀者表彰

佐藤騎手は初めてのリーディングの座を、吉井友彦騎手（2年連続リーディング）から奪取した。2月には地方競馬通算1200勝も達成。出走するからには「全部勝ちたい。一つも落としたくない」と勝利にどん欲で、川原正一騎手の年間最多勝記録「163勝」超えに燃えている。3月前半までに35勝を挙げてトップを快走しており、今のペースなら160勝も狙えそうだ。

「武者修行で、どこかに行きたいです」と意欲を見せ、チャンスがあれば、南関東や園田、高知などへも遠征し、さらに上を目指して腕を磨いていく構えだ。JRAのレースでも昨年3勝を挙げ、地方騎手としては2年連続トップの成績だった佐藤騎手。名古屋の木之前葵騎手がテレビ番組でJRAの馬券にチャレンジした時には、好騎乗で大穴馬券を提供して感謝されたこともあった。全国的にも「隠れ友則ファン」は多いようで、中央の重賞戦線でも騎乗機会さえあれば、上位をにぎわせてくれそうだ。かつてのアンカツさんのように、今後も「笠松に友則あり」を中央のファンにアピールしてほしい。

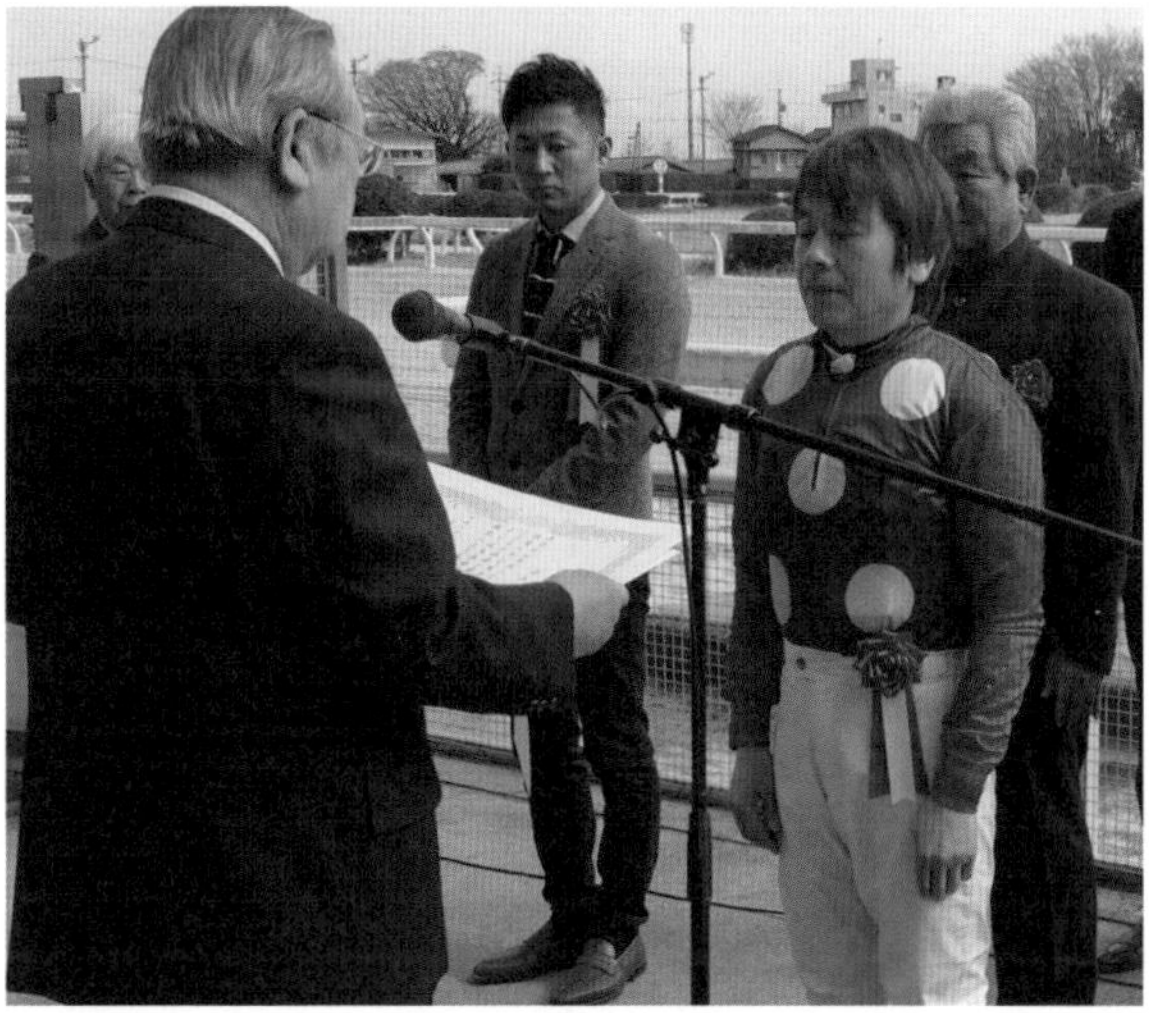

昨年はリーディング２位で安定感抜群。優秀表彰を受ける向山牧騎手

１０３勝を挙げた向山騎手は川嶋弘吉厩舎に所属し、毎年安定した実力を発揮している。騎手、調教師の勝利数ランキングでともに2位だった向山騎手と川嶋調教師だが、勝率や連対率では２人とも笠松トップの成績だった。向山騎手は２００２年に新潟・三条から、川嶋調教師は05年に群馬・高崎から、それぞれ競馬場廃止に伴って、新天地の笠松に活躍の場を求めて移籍してきた。

向山騎手は連対率（2着まで）では全国3位の41・5％と好成績で、馬券検討の上でも「川嶋厩舎&向山騎手は外せない」と、ファンの支持を集めている。地方競馬通算では３２６８勝（3月前半まで）をマーク。３２００勝達成時には「ここは通過点で、４０００勝を目指します」と健在ぶりを示した。アンカツさんがＪＲＡ移籍前に積み重ねた、笠松騎手最多の地方通算「３２９９勝」の大記録には、もう少しで手が届きそうだ。

今や笠松の名門厩舎

川嶋調教師は、この道40年の大ベテランで、高崎から森山英雄調教師とともに移籍してきた。当初の笠松競馬場の印象は「よく整備され、馬場の状況もよく、調教しやすい」と好印象を語っていた。昨年は管理馬での勝率が24%を超え、騎手、厩務員を含めて4人が優秀者表彰を受けた。今や笠松の名門厩舎となった。

後藤正義調教師は、05年に里帰りしたオグリキャップを、ゴール前まで誘導した姿が印象的だ。13年には88勝を挙げてリーディングトレーナーに輝き、15年に亡くなられた調教師の父・保さんの功績を受け継ぐ形で、名馬育成に励んでいる。調教師としては若手の37歳で、2月には地方競馬通算500勝を達成した。「笠松競馬を盛り上げ、もっと上を目指して勝ち馬を増やしていきたい」と、重賞制覇や年間100勝以上に意欲を見せている。

優秀表彰を受けた川嶋弘吉調教師

地方競馬全国協会は調教師、騎手免許試験の新規合格者を発表。笠松からは調教師に後藤佑耶さん（35歳、後藤正義厩舎）、騎手には渡辺竜也さん（17歳、笹野博司厩舎）が合格した。4月1日付での免許となり、春競馬での笠松デビューが楽しみだ。

笠松競馬では若い調教師が増えており、全国遠征にも積極的だ。今回表彰を受けた後藤調教師をはじめ、新規合格した弟の佑耶さん、騎手から転身して

優秀表彰を受けた後藤正義調教師

3年目の尾島徹調教師、2年目の湯前良人調教師はいずれも30代。開業5年目の笹野調教師がリーディングを奪取したことには、大いに刺激を受けているはずだ。

生え抜きのスターホースを

表彰式で残念だったのは、競走馬の表彰が16年は「対象馬なし」だったことで、名馬の里としては寂しく感じられた。笠松一筋でダートグレード5勝を飾ったラブミーチャンのように、生え抜き馬をスターホースに育てることがこれからは大切だ。笠松のレース賞金が毎年、少しずつでもアップすれば、今後デビューする2歳馬の笠松定着も高まることだろう。優秀な騎手や調教師たちが手腕を発揮して、重賞戦線での快進撃を期待したい。

（2017・3・18）

名手の里に「アンカツ記念」を

これからの地方競馬は、スターホースの出現とともに、ファンの心をつかむ夢のあるレースをいかに提供するかが大きなポイントになる。名馬、名手の里・笠松競馬には「オグリキャップ記念」「ライデンリーダー記念」「ラブミーチャン記念」と、中央馬を圧倒した名馬をたたえる三つのレースはあるが、騎手を記念したレースはまだない。

そこで「こんなレースがあったらいいな」と思えるのが、笠松出身・安藤勝己元騎手の地方・中央時代の活躍をたたえる「アンカツ記念（安藤勝己記念）」だ。「名手の里」と宣言している笠松競馬には、騎手の記念レースがあってもいいはずで、「アンカツ記念」の開催を提言したい。

アンカツさんは、日本を代表するトップジョッキ

1991年1月、笠松競馬場で行われたオグリキャップ引退式では、主戦だった安藤勝己騎手が騎乗し、コースを周回した

ーで、オグリキャップやライデンリーダーにも騎乗した。地方騎手の「ＪＲＡへの扉」を切り開き、中央ＧＩで22勝した実績は素晴らしい。地方、中央競馬の交流に貢献した功績は大きく、笠松発の記念レースで顕彰できるといい。全国のファンにとってもドリームレースとなり、馬券は売れるだろうし、競馬場への集客力が期待できる。知名度抜群のビッグネームを、笠松競馬の振興に生かしてほしい。

佐々木竹見カップや福永洋一記念

騎手名を記念した地方競馬のレースは、川崎競馬の「佐々木竹見カップ ジョッキーズグランプリ」、高知競馬の「福永洋一記念」がある。

佐々木竹見カップは、地方競馬最多勝記録の７１５１勝を挙げた「川崎の鉄人」佐々木竹見元騎手の活躍を記念したレース。中央、地方を代表する騎手の招待競走として03年から行われ、２レースの合計ポイントで優勝を争う。歴代覇者は武豊騎手、ミルコ・デムーロ騎手、菅原勲騎手ら。

1995年４月、桜花賞を前にしたライデンリーダーの調教を行う安藤勝己騎手

福永洋一記念は、高知県出身で元ＪＲＡ騎手の福

永洋一さんの活躍（9年連続リーディング）をたたえたレース。発案者である長男の福永祐一騎手が協賛し、10年に創設された。地元騎手を中心に高知所属馬で競い、赤岡修次騎手、永森大智騎手が2度ずつ優勝している。15年には、祐一騎手も初めて騎乗して4着だった。

レース後のセレモニーや優勝インタビューには、祐一騎手とともに父・洋一さんも車いすでプレゼンターとして姿を見せ、ファンにとっても心温まるものがある。

もし「アンカツ記念」が実現するとしたら、地方・中央の招待騎手競走として開催できるといい。地方からは笠松、愛知、南関東、園田などの各リーディングの参戦を期待。中央からはオグリキャップに騎乗した武豊騎手、ラブミーチャンで勝利した戸崎圭太騎手や福永祐一騎手、東西の各リーディングたちに参戦してほしい。

レースは笠松所属馬10頭で実施。オープンクラスか、前走1着馬ばかりを集めたB1クラスなら、実力接近の波乱含みで面白い。国内トップジョッキーが腕を競うレース展開を予想するだけでもワクワク

笠松での引退セレモニーで地元騎手に胴上げされるアンカツさん

するし、ファンの夢をかなえる一戦になるだろう。レース後、アンカツさんにはプレゼンターとして優勝セレモニーやトークショーにも参加してほしい。

笠松から中央に挑む強い馬

現役を引退した2013年2月には、笠松でもセレモニーが行われ、笠松所属騎手たちの手で胴上げされたアンカツさん。わが家に帰ったような気楽さからか、気分良さそうに宙を舞っていた。「笠松は身近に馬が見られる競馬場。これからもたくさん足を運んで」と呼び掛けていたが、早いもので、あれから4年である。

「笠松から中央に挑む強い馬が出て、みんなで応援できると一番いいね」と、16歳から中央に移籍するまで27年間過ごした笠松競馬への愛着が強いアンカツさん。引退後は、テレビ解説や夕刊紙のGI予想などで活躍されているが、笠松競馬場でファンと交流することは少なくなった。自らの記念レースが実現すれば、笠松に来場する機会がもっと増え、オグリキャップとともに育った「古巣」に恩返しをしてもらえそうだ。

馬券販売はネットで好調だが、平行して、ファンを競馬場に呼び込むことも大切。笠松競馬場内では、大型ビジョンが新設され（4月1日稼働）、施設・環境整備が進められている。「アンカツ記念」実現には、競馬場関係者やアンカツさん本人の協力も必要になってくるが、笠松競馬を盛り上げる「名手の里レース」として、いつか開催してほしいものだ。全国のアンカツファンの皆さん、機運盛り上げへ後押しをお願いします。　　（2017・3・31）

林　秀行（はやし　ひでゆき）＝ハヤヒデ

2005年4月、笠松競馬場に里帰りし「存続の救世主」となったオグリキャップ。旅立ちの朝、馬房で「ありがとう」の思いを伝えると、古巣への恩返しを果たして、穏やかな表情をしていた。ＧＩを連闘した1989年ジャパンカップでも笠松仕込みの激走を信じていた。最後まで諦めないで懸命に走るキャップの姿に「勇気をもらった」ファンの一人。国枝栄調教師、寺島良調教師と同じ岐阜県北方町出身。1955年生まれ。慶応大学法学部卒、岐阜新聞社で編集局整理部、報道部を経験。岐阜新聞Webで「オグリの里」を連載。

写真提供・取材協力

石川県競馬事業局
岩手県競馬組合
海津市歴史民俗資料館
岐阜県地方競馬組合

オグリの里 1　聖地編

著　　者　林 秀行
発 行 日　2023年2月23日　初版第1刷
　　　　　2023年4月8日　第2刷
発　　行　株式会社岐阜新聞社
編集・制作　岐阜新聞情報センター出版室
　　　　　〒500-8822
　　　　　岐阜市今沢町12　岐阜新聞社別館4階
　　　　　電話 058-264-1620（出版室直通）
印　　刷　西濃印刷株式会社

ISBN978-4-87797-320-9